IL Y A CENT ANS

LISTE DES TITULAIRES

En 1783

DES PRINCIPAUX EMPLOIS

DANS L'ÉGLISE, LES CONSEILS,
LA DIPLOMATIE, L'ARMÉE, LA MAGISTRATURE,
L'ADMINISTRATION, LES FINANCES,
LES ACADÉMIES; A LA COUR, ETC.

DONT LES FAMILLES EXISTENT ENCORE

EN 1883

*D'après l'Almanach royal et l'État militaire
de la France de 1783*

SUIVIE D'UNE TABLE ALPHABÉTIQUE DES NOMS DES FAMILLES

PARIS

CHAMPION, ÉDITEUR

15, Quai Malaquais, 15

IL Y A CENT ANS

LISTE DES TITULAIRES

En 1783

DES PRINCIPAUX EMPLOIS

DANS L'ÉGLISE, LES CONSEILS,
LA DIPLOMATIE, L'ARMÉE, LA MAGISTRATURE,
L'ADMINISTRATION, LES FINANCES,
LES ACADÉMIES; A LA COUR, ETC.

DONT LES FAMILLES EXISTENT ENCORE

EN 1883

*D'après l'Almanach royal et l'État militaire
de la France de 1783*

SUIVIE D'UNE TABLE ALPHABÉTIQUE DES NOMS DES FAMILLES

PARIS

CHAMPION, ÉDITEUR

15, Quai Malaquais, 15

1884

AVANT-PROPOS

L'HISTOIRE *des familles n'est pas la partie la moins instructive des annales générales des peuples. Il est inté-* ressant *de savoir quel rang chacune d'elles occupait et quels services elle a rendus dans les siècles antérieurs au nôtre, spécialement en ce qui concerne les familles dont les représentants vivent encore à nos côtés.*

*La plupart des généalogistes sont des guides peu sûrs, portés à exagérer ceci, à dissimuler cela ; le mieux, pour savoir à quoi s'en tenir, est de recourir aux sources offi-cielles. L'*Almanach royal *et l'*Etat militaire de la France *sont de celles où l'on peut puiser le plus facilement.*

*C'est ce qu'a fait l'auteur de ce petit volume. Il a extrait de l'*Almanach royal *et de l'*Etat militaire de France, *de 1783, les noms appartenant à des familles encore* existantes, en les faisant suivre souvent de quelques renseignements complémentaires.

Œuvre modeste d'un campagnard biblio-phile qui, en feuilletant une collection d'Alma-nachs royaux, a été frappé de la valeur, au double point de vue de l'instruction et de l'agrément, des renseignements qu'on y ren-contre sur l'organisation et la composition de l'ancienne société française. Il a cru pouvoir donner satisfaction à la juste curiosité du public en lui présentant, en quelques pages, ce que deux recueils, assez volumineux, con-tiennent de plus intéressant pour lui.

Si ce travail est bien accueilli, quelque autre le reprendra, sans doute, et pourra le com-pléter en dépassant, dans les Etats militaires, la limite à laquelle on s'est arrêté cette fois (grades de mestre de camp ou colonel), et en tirant des almanachs des anciennes provinces les noms des membres des Etats, des Parle-ments, et ceux des principaux magistrats des bailliages et des villes.

(L'* placé devant quelques noms est le signe d'un doute relativement à l'existence actuelle de la famille qui le portait en 1783.)

IL Y A CENT ANS

CLERGÉ

CARDINAUX

DE BERNIS (François-Joachim DE PIERRE), 1758.
DE LUYNES (Paul D'ALBERT), 1756.
DE LA ROCHEFOUCAULD (Dominique), 1778.
DE ROHAN (de la maison de ROHAN-ROHAN, aujourd'hui fixée en Bohème).

ARCHEVÊQUES

DE JUIGNÉ (Joachim-Eléonor-Léon LE CLERC), 1781. *Paris.*
DE LA ROCHEFOUCAULD (Dominique), 1759, cardinal. *Rouen.*
DE LUYNES (Paul D'ALBERT), 1753, cardinal. *Sens.*
DE TALLEYRAND – PÉRIGORD (Alexandre – Angélique), 1777. *Reims.*
DE BERNIS (François-Joachim), 1764, cardinal. *Alby.*
DU LAU (Jean-Marie), 1775. *Arles.*
DE BOISGELIN (Jean-de-Dieu-Raymond), 1770. *Aix.*
DE DURFORT (Raymond), 1774. *Besançon.*
DE DILLON (Arthur), 1762. *Narbonne.*
DE LOMENIE DE BRIENNE (famille qui n'a plus de représentants mâles), 1761. *Toulouse.*

ÉVÊQUES

DE LUBERNAC (Jean-Baptiste-Joseph), 1780. *Chartres.*

DE POLIGNAC (Camille-Louis-Apollinaire), 1779. *Meaux.*

D'ANDIGNÉ DE LA CHASSE (Joseph-François). *Châlons,* démissionnaire en 1772.

DE VOGUÉ (Jacques-Joseph), 1776. *Dijon.*

DE ROCHECHOUART (Jules-César). *Bayeux,* démissionnaire en 1776.

DE BELBEUF (Pierre-Augustin, GODARD), 1774. *Avranches.*

NARBONNE-LARA (François), 1773. *Evreux.*

DE LEZAY-MARNÉSIA (Louis-Albert). *Evreux,* démissionnaire en 1773.

DU PLESSIS-D'ARGENTRÉ, 1775. *Séez.*

DE BARRAL (Claude-Mathias-Joseph), 1761. *Troyes.*

DE BOURDEILLES (Henri-Joseph-Claude), 1764. *Soissons.*

DE CLERMONT-TONNERRE, 1782. *Châlons-sur-Marne.*

DE SABRAN (Louis-Hector-Honoré-Maxime ; famille éteinte, nom relevé par les PONTEVÈS), 1778. *Laon.*

DE LA ROCHEFOUCAULD (François-Joseph), 1772. *Beauvais.*

DE PARTZ DE PRÉCY (François-Joseph-Gaston), 1743. *Boulogne.*

DE JOUFFROY DE GONSANS (François-Gaspard), 1777. *Le Mans.*

* DE SAINT-LUC (Toussaint-François-Joseph-Conen), 1773. *Quimper.*

AMELOT (Sébastien-Michel), 1775. *Vannes.*

*LE MINTIER (Augustin-René), 1780. *Tréguier.*

DES LAURENTS (Antoine-Joseph), 1767. *Saint-Malo.*

* DE HERCÉ (Urbain-René), 1767. *Dol.*

DE BONAL (François), 1776. *Clermont.*

DU PLESSIS D'ARGENTRÉ (Louis-Charles), 1758. *Limoges.*

DU COETLOSQUET (Jean-Gilles). *Limoges,* démissionnaire en 1758.

DE GALARD-TERRAUBE (Marie-Joseph), 1774. *Le Puy.*

DE SAINT-SAUVEUR (Charles-Joseph-Marius DE RAFAELIS), 1764. *Tulle.*

COLBERT DE SEIGNELAY, 1781. *Rodez.*

DE NICOLAŸ (Louis-Marie), 1776. *Cahors.*

DE CASTRIES (Jean DE LA CROIX), 1764. *Vabres.*

DE CASTELLANE (Jean-Armand), 1767. *Mende.*

*DE BONNAC (Jean-Louis DUSSON), 1767. *Agen.*

DE BROGLIE (Joseph-Amédée), 1754. *Angoulême.*

DE LA ROCHEFOUCAULD-BAYERS (Pierre-Louis), 1732. *Saintes.*

DE SAINT-AULAIRE (Martial-Louis DE BEAUPOIL), 1759. *Poitiers.*

DE FLAMARENS (Emmanuel-Louis DE GROSSOLLES; famille qui n'a plus de représentants mâles), 1773. *Périgueux.*

DE CRUSSOL D'UZÈS (François-Joseph-Emmanuel), 1768. *La Rochelle.*

DE MERCY (Marie-Charles-Isidore), 1775. *Luçon.*

DE SUARÈS D'AULAN (Louis-Marie ; nom relevé par la famille HAROUARD, dans laquelle s'est mariée la dernière Suarez). *Dax,* démissionnaire en 1771.

DE CUGNAC (Louis-Emmanuel), 1772. *Lectoure.*

D'OSMOND (Charles-Antoine-Gabriel), 1763. *Comminges.*

DE LASTIC (Dominique), 1780. *Couserans.*

DE RAIGECOURT, 1758. *Aire.*

DE ROGER DE CAUX, 1780, coadjuteur d'*Aire.*

DE NOÉ (Marc-Antoine), 1763. *Lescar.*

DE LA FERRONAYS (Jules FERRON), 1774. *Bayonne.*

DE NICOLAŸ (Aimard-Claude), 1771. *Béziers.*

DE PUYSÉGUR (Jean-Auguste DE CHASTENET), 1778. *Carcassonne.*

DE BECDELIÈVRE (Charles-Prudent), 1737. *Nîmes.*

DE BÉTHISY (Henri-Benoit-Jules ; famille qui n'a plus de représentants mâles), 1780. *Uzès.*

DE CHANTERAC (Charles DE LA CROPTE), 1763. *Alet.*

DE BALORE (Pierre-Marie-Madeleine CORTOIS), 1776. *Alais.*

DE BRETEUIL (Anne-François-Victor LE TONNELIER), 1763. *Montauban.*

DE CASTELLANE (Jean-Antoine), 1771. *Lavaur.*

DE LASTIC (Pierre-Joseph), 1771. *Rieux.*

DE LA MOTTE-FÉNÉLON (Léon-François-Ferdinand DE SALIGNAC), 1771. *Lombez.*

D'ABZAC DE MAYAC (Guillaume-Joseph), 1774. *Saint-Papoul*.

DE LÉVIS-LÉRAN (Henri-Gaston), 1741. *Pamiers*.

*DE BAUSSET DE ROQUEFORT (Emmanuel-François), 1766. *Fréjus*.

DE MAILLÉ DE LA TOUR-LANDRY (Jean-Baptiste-Marie), 1778. *Gap*.

DE BONTEVILLE (Marie-Anne-Hippolyte HAY), 1779. *Grenoble*.

DE GRAVE (Fiacre-François), 1771. *Valence*.

DE MONTMORENCY-LAVAL (famille qui n'a plus de re-présentants mâles), 1760. *Metz*.

DE LA TOUR-DU-PIN-MONTAUBAN (Louis-Apollinaire), 1778. *Nancy*.

D'HAVRINCOURT (Charles-François-Alexandre DE CAR-DEVAC), 1743. *Perpignan*.

*PÉLISSIER DE SAINT-FERRIOL, 1753, *Vaison*.

*DE FRANCHET DE RANS (Claude-Ignace), 1756. *Rosy, in partibus*, suffragant de *Besançon*.

DE QUINCEY (Gabriel CORTOIS). *Belley*.

AGENTS GÉNÉRAUX DU CLERGÉ

l'abbé DE TALLEYRAND-PÉRIGORD, 1780.
l'abbé DE BOISGELIN, 1780.

PAIRS DE FRANCE

LAÏQUES

le duc D'UZÈS (CRUSSOL),	1572
le duc DE LA TRÉMOILLE-THOUARS,	1599
le duc DE SULLY (branche éteinte des BÉTHUNE),	1606
le duc DE LUYNES et DE CHEVREUSE (D'ALBERT),	1619
le duc DE BRISSAC (COSSÉ),	1620
le duc DE RICHELIEU (VIGNEROT, et aujourd'hui, par substitution, CHAPELLE DE JUMILHAC),	1631
le duc DE FRONSAC (RICHELIEU),	1634
le duc DE ROHAN (CHABOT),	1652

le duc DE PINEY, duc DE LUXEMBOURG (MONT-
MORENCY; descendance masculine éteinte),   1662

le duc DE GRAMONT,   1663

le duc DE MORTEMART (ROCHECHOUART),   »

le duc DE NOAILLES,   »

le duc D'AUMONT (VILLEQUIER),   1665

le duc D'HARCOURT,   1710

le duc DE FITZ-JAMES,   »

le duc DE CHAULNES (ALBERT DE LUYNES; branche
éteinte),   1711

le duc DE ROHAN-ROHAN, prince DE SOUBISE
(famille fixée aujourd'hui en Autriche),   1714

le duc DE VALENTINOIS, prince DE MONACO
(GOYON-MATIGNON),   1716

le duc DE BIRON (GONTAUT; branche éteinte),   1723

le duc DE DURAS (branche éteinte des DURFORT-
LORGE),   1757

le duc DE LA VAUGUYON (branche éteinte des
QUELEN),   1759

le duc DE CHOISEUL (branche éteinte dans les
MARMIER),   »

le duc DE PRASLIN (CHOISEUL),   1762

le duc DE LA ROCHEFOUCAULD,   1770

le duc DE CLERMONT-TONNERRE, duc DE TON-
NERRE,   1775

(Il y avait alors 38 titres de duc et pair, 16 seulement
sont encore portés aujourd'hui.)

le duc D'AUBIGNY (RICHEMOND; en Angleterre),   1777

DUCS HÉRÉDITAIRES NON PAIRS

le duc DE CHEVREUSE (D'ALBERT DE LUYNES),   1667

le duc DE BOUTTEVILLE (MONTMORENCY-LUXEM-
BOURG; descendance masculine éteinte),   1696

le duc DE BROGLIE,   1742

le duc D'ESTISSAC (LA ROCHEFOUCAULD),   1758

le duc DE COIGNY (descendance masculine éteinte),   1747

le duc DE MONTMORENCY (descendance mascu-
culine éteinte),   1767
le duc DE BEAUMONT, prince DE TINGRY (MONT-
MORENCY-LUXEMBOURG; descendance masculine éteinte),
le duc DE LORGE (DURFORT),   1773
le duc DE CROŸ-D'HAVRÉ,   »
le duc DE VILLEQUIER (AUMONT),   1774
le duc DE POLIGNAC (DE CHALANÇON),   1780

(7 familles ducales sans pairie se sont éteintes depuis
1783)

DUCS A BREVET ET BREVETS D'HONNEUR

(titres personnels et seulement à vie)

le duc D'AYEN (NOAILLES).
le duc D'HARCOURT.
le duc DE GONTAUT.
le duc DE DURAS (DURFORT ; branche éteinte).
le vicomte DE CHOISEUL.
le duc DE LESPARRE (GRAMONT).
le duc DE LAUZUN (GONTAUT-BIRON).
le prince DE CROŸ.
le duc DE LIANCOURT (LA ROCHEFOUCAULD).
le duc DE CHABOT.
le prince DE POIX (NOAILLES).
le duc DE NARBONNE (NARBONNE-PELET).
le prince DE MONTMORENCY (descendance masculine
éteinte).
le duc DE CIVRAC (DURFORT).
le duc DE MAILLY (branche DE MAILLY D'HAUCOURT).
le duc DE CRUSSOL.
le prince DE BROGLIE.
le duc DE GUICHE (GRAMONT).

MINISTRES SECRÉTAIRES D'ÉTAT

le comte DE VERGENNES (GRAVIER). *Affaires étrangères.*
le marquis DE SÉGUR. *Guerre.*
le marquis DE CASTRIES (DE LA CROIX). *Marine.*
*JOLY DE FLEURY. *Finances.*
AMELOT. *Maison du Roi.*
DE MAUPEOU. *Chancelier.*

AMBASSADEURS ET MINISTRES DU ROI PRÈS DES COURS ÉTRANGÈRES

AMBASSADEURS

le cardinal DE BERNIS (DE PIERRE). *Rome.*
le baron DE BRETEUIL (LE TONNELIER). *Empire, Hongrie, Bohême.*
le comte DE SAINT-PRIEST (GUIGNARD). *Constantinople.*
le baron DE CHOISEUL *Sardaigne.*
le marquis DE VERGENNES (GRAVIER). *Venise.*
le vicomte DE POLIGNAC. *Suisse.*

MINISTRES PLÉNIPOTENTIAIRES

le comte D'ESTERNO, près le roi de Prusse.
le comte DE MOUSTIER, près l'électeur de Trèves, à *Coblentz.*
le baron DE CORBERON (BOURRÉE), près le duc de Deux-Ponts.
le vicomte DE VIBRAYE (HURAULT), près le duc de Wurtemberg.
le comte DE FLAVIGNY, près le duc de Parme.
le marquis DE BARBANTANE (PUGET ?), près le grand-duc de Toscane.
le Comte D'ADHÉMAR, à *Bruxelles.*
MESNARD DE CHOUSY, auprès du cercle de Franconie, à *Nuremberg.*

CHARGÉS D'AFFAIRES

le baron DE SALIS DE MARSCHLINS, près les Ligues Grises.

ARMÉE

MARÉCHAUX DE FRANCE
(créés par Philippe-Auguste en 1185)

le duc DE RICHELIEU,	1748
le duc DE BIRON (GONTAUT),	1757
le marquis DE CONTADES,	1758
le prince DE SOUBISE (des ROHAN-ROHAN, fixés aujourd'hui en Bohême),	»
le duc DE BROGLIE,	1759
le duc d'HARCOURT,	1775
le duc DE NOAILLES,	»
le duc DE FITZ-JAMES,	»
le duc DE MOUCHY (NOAILLES),	»
le duc DE DURAS (DURFORT; branche éteinte),	»

COLONELS GÉNÉRAUX

le marquis DE BÉTHUNE, lieutenant-général, de cavalerie légère.

le marquis DE CASTRIES, lieutenant général, mestre de camp général.

le duc DE COIGNY, maréchal de camp, des dragons (descendance masculine éteinte),

le duc DE LUYNES, mestre de camp général.

LIEUTENANTS GÉNÉRAUX DES ARMÉES
DU ROI
(créés par Louis XIII en 1633)

le marquis DE JUMILHAC (CHAPELLE),	1745
le duc DE PRASLIN (CHOISEUL),	1748
le comte DE ROCHECHOUART,	»

le comte DE MAILLY,	1748
le comte DE COETLOGON,	»
le comte DE MONTBOISSIER,	»
le marquis D'HÉRICY (descendance masculine éteinte),	»
le marquis DE GRAMMONT,	»
le duc DE GONTAUT-BIRON,	»
le vicomte DE NARBONNE-PELET,	1750
le marquis DE CRILLON (branche éteinte dans les mâles de la maison de BERTON DE BALBES, depuis ducs DE CRILLON et DE MAHON),	1753
le marquis DE MONTMORT,	»
le prince DE BEAUVAU,	»
le marquis DE CASTRIES,	»
le marquis DE MONTEYNARD,	1759
le duc DE CROŸ,	»
*le marquis DE JONSAC,	»
le comte DE PONS SAINT-MAURICE,	»
le marquis DE MAUPEOU,	»
le duc DE CHOISEUL,	»
le marquis DE BÉTHUNE,	»
le marquis DE SÉGUR,	»
le comte DE CHOISEUL-STAINVILLE,	»
le marquis DE LÉVIS,	1761
le chevalier DE NUGENT,	1762
le comte DE SAINT-SIMON (Est-ce ROUVROY, est-ce COURTOMER? la descendance masculine de la 2te des deux familles est éteinte),	»
le marquis DE MONTI,	»
le baron DE BESENVAL,	»
le duc DE TONNERRE (CLERMONT),	»
le comte DE BALLEROY (DE LA COUR),	»
le Comte DE WALDNER,	»
*le Comte DE ROSTAING,	»
le vicomte DE MERINVILLE (DES MONSTIERS),	»
*le marquis DE LA CHASTRE,	»
le comte DE CHOISEUL-BEAUPRÉ,	»
le comte DE BISSY (THIARD),	»
le comte DE THIARD,	»
M. DE LA MARLIÈRE,	»

le comte DE VOGUÉ, 1767
*M DU BLAISEL, »
le chevalier DE SAINT-SAUVEUR (RAFAÉLIS), »
le vicomte DE SÉGUR-CABANAC, »
le comte DE POLIGNAC, 1780
le marquis DE GOUY D'ARCY »
le marquis DE BASSOMPIERRE (la descendance
  masculine est éteinte), »
le vicomte DE VALFONS DE SEBOURG, »
le comte DE GRAMMONT, »
*le baron D'ESPAGNAC, »
le marquis DE BOIS-DÉNEMETS, »
*le baron DE WANGEN, »
le marquis DE BLANGY (LE VICOMTE), »
le comte DE KERCADO (LE SÉNÉCHAL; descendance masculine éteinte), »
le marquis D'ARGOUGES, »
*M. DE ROCHEGUDE, »
le comte DE FLAVIGNY, »
le chevalier DE GROSSOLES (descendance masculine éteinte), »
le comte DE NADAILLAC (DU PUGET), »
le marquis DE LA ROCHE-AYMON, »
le comte DE PÉRIGORD (TALLEYRAND), »
le comte DE ROCHAMBEAU (nom encore porté
  par adoption), »
le comte de CARAMAN (RIQUET), »
le marquis d'HÉROUVILLE, »
le comte D'HOUDETOT, »
*M. PINON DE SAINT-GEORGES, »
le comte DE BOURBON-BUSSET, »
le comte DE BLOU, »
le marquis DE LA TOUR DU PIN-GOUVERNET, »
le duc D'UZÈS, »
le comte DE SCEY, »
le prince DE MONTBARREY (DE SAINT-MAURIS-
  LE-MUID-D'AUGERANS; branche éteinte. Il y
  a des descendants d'une branche collatérale), »
le comte DE DIESBACH, »
le comte D'ESCLIGNAC (FIMARCON), »
le Mis de Chabrillan »

le marquis DE MARCIEU (EMÉ),   1780
le chevalier DE SAINT-SIMON ~~(voir ci-dessus)~~, »
*le comte DE POLY, »
le marquis DE VAUBÉCOURT (NETTANCOURT), »
*le comte D'ESPARBÈS, »
le marquis DE JUIGNÉ (LE CLERC), »
le marquis DE MOLAC (LE SÉNÉCHAL DE KERCADO ;
  voir plus haut), »
le marquis DE CHASTELLUX (BEAUVOIR), »
le comte D'ARCHIAC, »
le comte DE PUYSÉGUR (DE CHASTENET), »
le marquis DE LA FERRONNAYS (FERRON), »
le comte DE LA TOUR DU PIN DE PAULIN, »
le duc DE CHABOT, »
le comte DE DURFORT, »
le comte DE CHOISEUL-LA-BAUME, »
le comte DE WALL, »
le marquis DE BOUILLÉ,   1781

(Il y avait, en 1783, 118 lieutenants généraux.)

MARÉCHAUX DES CAMPS ET ARMÉES DU ROI

(créés par Henri IV, en 1598)

le marquis DE CASTELLANE,   1748
le prince DE MONACO (GOYON-MATIGNON), »
le comte DE SPARRE, »
*le marquis DE CARVOISIN,   1758
le comte DE BÉTHUNE,   1759
le marquis DE MONTALEMBERT,   1761
le marquis DE CASTELLANE,   1762
le marquis DE TORCY (COLBERT ; branche
  éteinte), »
le duc D'HARCOURT-LILLEBONNE, »
le duc DE NARBONNE (NARBONNE-PELET), »
le marquis DE CLERMONT-TONNERRE, »
le comte DE JAUCOURT (famille éteinte, nom et
  titre encore portés, par suite d'adoption), »

*le comte DE MORANGIÈS,	1762
le comte DE CHERISEY,	1767
le marquis DE LA BILLARDERIE (FLAHAUT),	»
le comte DE MATHAN,	»
le comte DE TRAZÉGNIES (famille fixée en Belgique),	»
le comte DE ROUGÉ,	»
*M. D'HÉRICOURT,	»
le baron DE CASTILLON-SAINT-VICTOR,	»
le chevalier DE SAINT-MAURIS,	»
le marquis DES CARS (PÉRUSSE),	»
le comte DE NARBONNE-PELET-FRITZLAR,	1768
le comte DE CAMBIS D'ORSAN (descendance masculine semble éteinte),	»
le prince DE BAUFFREMONT,	1769
le comte D'ELVA,	1770
le marquis DE NOÉ,	»
le chevalier de SCÉPEAUX,	»
le comte DE BALINCOURT (TESTU),	»
le comte DE PONTÉCOULANT (DOULCET),	»
le comte DE JUMILHAC (CHAPELLE),	»
le comte DE KERGORLAY,	»
le duc DE LA TRÉMOILLE,	»
*le marquis DE CHAMBORANT,	»
le marquis DE LA GRANGE (LELIÈVRE),	»
le comte DE SALUCES (DE LUR),	»
le comte DE TALLEYRAND,	»
le duc D'AYEN (NOAILLES),	»
le duc DE VILLEQUIER (AUMONT),	»
le comte DE TOUSTAIN,	»
le comte DE LASTIC,	»
le marquis DE CHOISEUL-BEAUPRÉ,	»
le vicomte DE CHOISEUL,	»
le vicomte DE NOÉ,	»
*M. DE VERDIÈRE,	»
le marquis DE MAILLARDOZ (famille encore existante en Suisse),	»
le comte D'HAUSSONVILLE (CLÉRON),	»
le vicomte DE JUMILHAC (CHAPELLE),	»
le marquis DU TOUSTAIN-DE-VIRAY,	»

le marquis D'HÉRICY (descendance masculine éteinte),   1770

le marquis DE PONS (Est-ce PONS-RENNEPONT ou PONS-SAINT-MAURICE ?),   »

le comte DE GRAVE,   »

le marquis DE JAUCOURT (comme ci-dessus),   »

le comte DE MAULEVRIER-LANGERON (COLBERT),   »

*M. DE SOMBREUIL,   »

le marquis DE SAUMERY (DE JOUANNE DE LA CARRE ; descendance masculine éteinte),   »

le comte DE BONNEVAL,   »

le comte DE MAILLÉ-LA-TOUR-LANDRY,   »

*le comte DE COURTEN,   »

le vicomte DE DURFORT,   »

M. DE FONTETETTE,   »

le comte DE BLANGY (LE VICOMTE),   »

le comte DE PREISSAC,   »

*le comte DE SAINT-CHAMANS,   »

*le comte DE FOUGIÈRES,   »

le marquis DE CASTELLANE,   »

*le marquis DE RAY,   »

*M. RAULIN DE BELVAL,   1780

le comte DE PRACONTAL,   »

le comte D'ERLACH (famille de Suisse),   »

*le marquis D'EVRY,   »

le comte DE GRASSE,   »

le marquis DE FLERS (DE LA MOTTE-ANGOT),   »

*M. DE VILLERS,   »

le commandeur D'HAVRINCOURT (CARDEVAC),   »

*le chevalier DE FLAHAULT DE LA BILLARDERIE),   »

le comte DE ROCHEFORT,   »

le marquis DE BARBANTANE (PUGET),   »

le marquis DE JANSON (FORBIN),   »

le baron DE SALIS-SAMADE (famille originaire de la Suisse),   »

le chevalier DE MONTAIGU,   »

le chevalier DE SOLAGES,   »

M. LAW DE LAURISTON,   »

*M. D'ADHÉMAR, chevalier DE PANAT,   »

le comte DE MONTEYNARD,   »

le marquis D'ESTAMPES, 1780
le marquis DE MONTESQUIOU, »
le comte D'ORNANO, »
le chevalier DE CASAUX, »
le marquis DE BÉRENGER (~~descendance mascu-~~
~~line éteinte~~), »
le comte DE BERNIS, »
le marquis DE DAMAS, »
le marquis DE CARAMAN, »
*le marquis D'AUBIGNY, »
le baron DE BRETEUIL, »
le vicomte DE LA ROCHEFOUCAULD, »
*le marquis DE TOURNI, »
le duc DE BRISSAC, »
le comte DE LAIGLE (DES ACRES), »
*le comte DE GAUCOURT, »
le marquis DE VOGUÉ, »
le marquis DE VIBRAYE, »
le marquis DE BEAUMONT, »
M. DE ROSIÈRES (sans doute de Lorraine; descendance masculine éteinte), »
le comte DE NOÉ, »
le marquis DE FRAGUIER, »
*M. LE BEUF, »
M. O'CONNOR, »
*M. DE CHOLLET, »
le chevalier DE CRILLON (comme ci-dessus), »
le vicomte DE LA TOUR-DU-PIN, »
le comte DE SAINTE-ALDEGONDE, »
le comte DE DAMAS-D'ANLEZY, »
le chevalier DE LA FERRONNAYS, »
le baron DE SALIS, »
le comte DE CHOISEUL, »
*le comte DE BOMBELLES, »
*M. DE FOURCROY, »
*M. DE LA SALLE, »
*le comte DE CHAMISSOT, »
le comte DE BOISGELIN, »
*le marquis DE GAUVILLE, »
*le marquis DU TILLET, »

le duc DE FITZ-JAMES, 1780
le comte DE CHOISEUL-MEUSE, »
le chevalier DE CHASTELLUX, »
le comte DE CHABANNES, »
le chevalier DE BALLEROY, »
le comte DE BEAUMONT, »
*M. DE BOUGAINVILLE, »
le comte DU LAU, »
*le comte DE MONTAUT DE MONTBERAULT, »
le chevalier DE VILLEFRANCHE (DE TULLE), »
le vicomte DE PUYSÉGUR, »
le marquis DE LA ROCHELAMBERT, »
le marquis DE LA ROCHEFOUCAULD-BAYERS, »
*le chevalier DE GOMER, »
*le comte DE ROSTAING, »
*M. DE ROMANS, »
*M. DE LA COSTE, »
le chevalier DE LA FARE, »
le marquis DE DAMPIERRE, »
le comte DE PERSAN, »
le marquis DE CHAMBRAY,
le baron DE CHOISEUL-BUSSIÈRES, »
le marquis DE LAMBERTIE, »
*M. VAREL DE BEAUVOIR, »
le comte DE MALLET, »
le baron DE WALDNER, »
le comte DES CARS (DE PÉRUSSE), »
le comte DE SAINT-PRIEST (GUIGNARD), »
*M. DE VAUBLANC, »
le marquis DE MORNAY, »
le comte DE CHABANNAIS (COLBERT), »
le comte DE VAUDREUIL (RIGAUD ; descendance
    masculine éteinte en 1880), »
le marquis D'AUTICHAMP (BEAUMONT), »
le comte DE GONTAUT DE SAINT-GENIÈS, »
*le comte DE MURINAIS, »
le marquis DE SORANS (ROSIÈRES ; ligne mascu-
    line éteinte), »
le vicomte DE LA CHARCE (LA TOUR DU PIN), »
le comte DE DAMAS-CRUX, »

le comte DE TOULOUSE-LAUTREC,	1780
*le marquis D'HAUTEFEUILLE,	»
le prince Camille DE ROHAN (des ROHAN-ROHAN, aujourd'hui en Bohême),	»
*le chevalier DE VIOMÉNIL,	»
le chevalier DE BRETEUIL,	»
le comte DE TILLIÈRE (LE VENEUR),	»
*le vicomte D'HAREMBURE,	»
*le marquis DE CRENOLLE,	»
le chevalier DE TALLEYRAND,	»
le comte DE BÉRENGER (comme ci-dessus),	»
le baron DE JUIGNÉ,	»
le marquis DE BIZEMONT,	»
le comte DE MALARTIC,	»
le baron Constant DE REBEQUE,	»
le chevalier DE SAINT-MARS,	»
M. DE CAUX (DE BLAQUETOT),	»
M. DE CAUX (DE BLAQUETOT),	»
M. DE RAINCOURT,	»
*M. DE LA BARTHE,	»
M. DE CHAMPAGNY (NOMPÈRE ?),	»
M. LE GOUX DU PLESSIS,	»
le chevalier DE KERALIO,	»
*le marquis DE LA ROZIÈRE,	»
le duc DE LUYNES,	1781
le marquis D'HARCOURT,	»
M. DE BÉVILLE (YVELIN ?),	»
le vicomte DE DUMAS,	»
le comte DE MONTCALM,	
le baron DE TALLEYRAND,	»
*le marquis DE VERTEILLAC (Est-ce de la famille encore existante DE LA BROUSSE ?),	»
le comte DE BÉTHISY (descendance masculine éteinte),	»
le comte Ernest DE SPARRE,	»
le marquis DE SOMMERY,	»
le comte DE MESSEY,	»
le marquis DE TOULONGEON (GASPARD),	»
le comte DE LÉVIS,	»
le comte D'ESTERNO,	»

* M. DE MONTGRAND,   1781

le duc DE MAILLY, »

le comte D'OFFELISE, »

le marquis DE JOVIAC, »

*le marquis DE DONISSAN, »

le vicomte DE VIRIEU, »

le comte DE MENOU, »

*le comte DE RABODANGE, »

le comte DE JARNAC (CHABOT), »

le marquis D'HAVRINCOURT (CARDEVAC), »

le baron DE PONTÉCOULANT (DOULCET),

*le chevalier D'ISELIN DE LANANS, »

le comte DE QUÉLEN, »

le comte DE CANISY, »

le chevalier DE LUDRE, »

*le marquis DE MONTAZET, »

le marquis DE RADEPONT, »

le vicomte DE BROSSE, »

le comte DE MAILLY, marquis DE NESLE (branche éteinte DE RUBEMPRÉ, DE NESLE), »

*le marquis DE MONTAZET, »

*le chevalier D'ESQUELBEC,

*le comte DE CROISMARE, »

*le marquis DE BELSUNCE, »

le marquis DE LA ROCHE-BOUSSEAU, »

le comte DE FENOYL, »

le comte DE PONTBRIANT, »

le comte D'ADHÉMAR, »

le comte DE GUÉBRIANT (BUDES), »

le comte DE LUDRE, »

le comte DE CRENAY, »

le comte DE DIVONNE (LA FOREST), »

le marquis D'AVARAY (BÉSIADE), »

le baron DE CRUSSOL, »

(Il y avait, en 1783, 482 maréchaux de camp.)

BRIGADIERS DES ARMÉES DU ROI

CAVALERIE

*(Créés par Louis XIV, en 1667; avaient rang
d'officiers généraux)*

le marquis D'AUTICHAMP (BEAUMONT),	1743
le baron D'ANDLAU,	1745
le marquis DE SOURDIS (ESCOUBLEAU; descendance masculine éteinte),	1746
*M. DE KÉRAVEL,	1748
le vicomte DE TALLEYRAND,	»
*le marquis DE ROLANDS,	»
le vicomte DE LASTIC,	1758
*le marquis DE LAUBÉPINE,	»
le comte DE DAMPIERRE,	»
le vicomte DE SABRAN (famille éteinte; nom relevé par les PONTEVEZ),	1759
le comte DE VALENTINOIS (GOYON-MATIGNON),	»
le marquis DE LAUBESPIN (MOUCHET DE BATTEFORT),	1761
*le comte DE ROUGRAVE,	»
le chevalier DE LAGUICHE,	»
*le chevalier DE VILLERS,	»
*M. DE SAINT-MARS,	»
*le chevalier DE SAINT-ANGEL,	1762
le comte DE SABRAN (comme ci-dessus),	1770
le comte DE BRION,	»
le marquis DE PIMODAN (DE LA VALLÉE DE RARÉCOURT),	1780
le comte DE SAINT-SIMON-SUDRICOURT (comme ci-dessus),	»
le chevalier DE GUITRY (CHAUMONT),	»
*le comte DE SEYSSEL,	»
le comte DE BECDELIÈVRE,	»
*le baron LEFORT,	»
le marquis DE PUYMOMBRUN,	»
*le comte DE LESPINASSE,	»
le marquis DU HALLAY,	»
*le marquis DE LUSIGNENT,	»

le marquis DE VALENÇAY (D'ESTAMPES),   1780

*M. DE PERCENAT,   »

le marquis DE LA FARE,   »

le marquis DE LOUVOIS (LE TELLIER ; famille
éteinte; nom relevé par les LA SALLE),   »

le marquis D'ASNIÈRES (LA CHATEIGNERAYE),   »

le vicomte DE LA FERRONNAYS,   »

*le marquis DE MIRVILLE,   »

*le comte DE LANDREVILLE,   »

*le marquis DE LA ROCHE-DU-MAINE,   »

*le comte DE SAINT-EXUPÉRY,   »

M. DE VEZINS,   »

le comte DE MUN,   »

le marquis DE NOAILLES,   »

le prince DE CROŸ,   »

*le marquis DE FUMEL,   »

le comte DE CHASTEIGNIER,   »

le prince DE GUÉMÉNÉ (ROHAN-ROHAN ; fixés
aujourd'hui en Bohême),   »

le comte DE BÉTHUNE,   »

le marquis DE MOUSTIER,   »

le prince DE LUXEMBOURG (MONTMORENCY ;
descendance masculine éteinte),   »

*le chevalier DE FRANCE,   »

*M. DE ROSAMEL,   »

le comte D'ALONVILLE,   »

le chevalier DE CRUSSOL,   »

le comte DE TOUSTAIN-DE-VIRAY,   »

le marquis D'ESTOURMEL (CRETON),   »

le vicomte DE CHAMBRUN,   »

*le comte DE TILLY-BLARU,   »

*M. ROQUIGNY D'ETAPLE,   »

le comte DE SABRAN,   »

*le baron DE POUILLY,   »

M. BOISDEFFRE,   »

M. DE LA BRIFFE DE PRÉAULX,   »

*le chevalier DE BELLOY-DROMÉNIL,   »

le baron DE SAUVAN (SAUVAN D'ARAMAN ?),   1781

le marquis DE LOMÉNIE (descendance masculine éteinte ; LOMÉNIE DE BRIENNE),   »

le baron DE BAYE, 1781
le comte DE BASSOMPIERRE (comme ci-dessus), »
le vicomte DE SÉGUR, »
*le baron D'HARAMBURE, »
le marquis D'OILLAMSON, »
le comte DE MONTRÉAL, »
le comte D'ANDLAU, »
le prince D'HÉNIN (CHIMAY ; branche aînée éteinte des D'ALSACE-HÉNIN-LIÉTARD), »
le duc DE LORGE, »
le marquis DE COSSÉ-BRISSAC, »
*le comte D'HARGICOURT, »
le duc de POLIGNAC, »
*M. D'AIMERY, »
M. DE BRACHET, »
*le chevalier DE VILLE, »
le marquis DE MONSPEY, »
*le comte D'HERCULAIS, »
le marquis DU BLAISEL, »
*le marquis DE BRISAY, »
le baron D'ANDLAU, »
*M. DE VILLAINES, »

(Il y avait, en 1783, 151 brigadiers de cavalerie.)

BRIGADIERS DE DRAGONS

(créés par Louis XIV en 1667)

M. DE MARMIER, 1748
*le marquis DE LA BLACHE, »
*M. DE CHATEAURENARD, 1767
le chevalier DE RASTIGNAC (descendance masculine éteinte), 1780
le vicomte DE MAILLÉ, »
le chevalier DE COIGNY (FRANQUETOT ; descendance masculine éteinte), »
*le marquis DE LESCURE, »
le duc DE LAUZUN (GONTAUT), »
*le chevalier DE FRANC, »

le comte DE GRIVEL-SAINT-MAURIS,   1780
le comte DENOUE,   »
le baron DE KLINGLIN,   »
*le comte D'ORGÈRES,   »
le chevalier DE VIRIEU-BEAUVOIR,   »
M. DE PUYMAIGRE,   »
M. DE VILLEBOIS,   »
*le baron DE BALTHAZAR,   »
*M. DE CHARNAILLES,   »
M. FORESTIER (FORESTIER DE COUBERT; origi-
     naire de la Suisse?),   »
le comte DE SAINT-MAURIS,   »
*le comte DE LA CHASTRE,   1781
le duc DE LIANCOURT (LA ROCHEFOUCAULD),   »
le marquis DE LAGUICHE,   »
le marquis DE GONTAUT,   »
le comte DE SURGÈRES (LA ROCHEFOUCAULD ?)   »
le comte DE SARLABOUS (DE MUN)   »

(Il y avait, en 1783, 56 brigadiers de dragons.)

BRIGADIERS D'INFANTERIE

(créés par Louis XIV en 1668)

le duc D'ESTISSAC (LA ROCHEFOUCAULD),   1734
le duc DE ROHAN-CHABOT,   1745
le duc DE GRAMONT,   »
le comte DE MONTCHEVREUIL (DE MORNAY DE
     MONTCHEVREUIL),   1748
le baron DE BESENVAL,   »
*M. DE LA COSTE,   »
M. DE BOISRENARD,   »
*M. DE LA ROCHE-SAINT-ANDRÉ,   »
*le marquis DE LA GRANDVILLE,   »
le marquis DE MIREPOIX (LÉVIS),   1756
le prince DE CRAON (BEAUVAU),   1758
le marquis DE CONTADES,   1759
M. GEOFFRE DE CHABRIGNAC,   1762
*le comte DE COURTEN,   »

*le marquis DE GIRONDE,	1762
le chevalier TURGOT,	1764
M. DE CHAMPAGNÉ,	1767
le chevalier DU PUGET (DU PUGET DE NA-	
DAILLAC?),	1768
le marquis DE RAZILLY,	»
le chevalier de SAINTE-ALDEGONDE,	»
*M. DU ROSCOAT,	1770
M. BERTHIER (Est-ce BERTHIER DE SOUVIGNY?),	»
le vicomte DE FOUCAULT,	»
le comte DE LA FOREST-DIVONNE,	»
le chevalier DE MAULDE,	1780
le comte DE MAULDE,	»
le marquis DE BARBANÇOIS,	1780
le baron D'HUART,	»
*M. LE ROY DE LA CHAISE,	»
le marquis D'ESPARBÈS,	»
le baron DE BAR,	»
*le marquis DE LUCKER,	»
M. DE LA PÉROUSE,	»
*le chevalier FRANCHET DE RAN,	»
le comte D'AFFRY,	»
le marquis DE PARDIEU,	»
le prince DE CHIMAY (descendance masculine éteinte ; nom relevé par les RIQUET DE CARAMAN),	»
le comte DE GOYON (MATIGNON?),	»
le baron DE WALH-SERRENT,	»
le comte DE RASTIGNAC (descendance masculine éteinte),	»
le marquis DE SENNEVOY (descendance masculine éteinte),	»
le duc DE LA ROCHEFOUCAULD,	»
le marquis DE MALEISSYE,	»
M. DE COURTEILLES,	»
le marquis DE CRILLON (comme ci-dessus),	.»
le comte DE DURAS (comme ci-dessus),	»
le duc D'HAVRÉ (CROŸ),	»
le marquis DE CHABRILLAN (MORETON),	»
le comte DE DILLON,	»

le comte DE ROCHECHOUART,	1780
le comte DE CRILLON (comme ci-dessus),	»
*M. CAZEAU DE LA BOISSIÈRE,	»
le baron DE DIESBACH,	»
*le comte DE MARCÉ,	»
le vicomte DE MAILLY,	»
*le chevalier DE COLLEVILLE,	»
le baron DE REINACH,	»
M. BACON DE LA CHEVALERIE,	»
*le chevalier DE RICARD,	»
le baron DE MORANGIÈS DE SAINT-ALBAN,	»
M. DE RIPERT,	»
*M. GOURDON D'AINZY,	»
*M. DU VIGNAU,	»
le marquis D'ANGOSSE,	»
*le marquis DE BELLOY,	»
*M. AMÉ DE SAINT-PAUL,	»
*M. CHAMBON DE LA BARTHE,	»
le chevalier DE FRÉDY,	»
le comte DE CLARAC,	»
*le chevalier D'ORTEZ,	»
*le vicomte DE CUSTINE,	»
*le baron DE BRUGIÈRES DE SAINT-MICHEL,	»
*le comte DE VILLENEUVE-CILLART,	»
*le comte DE LA BÉLINAYE,	»
le comte DE PODENAS,	»
le comte DE NIEUL,	»
*M. JOUBERT,	»
le marquis DE CHAPONNAY,	»
'M. DE CAMBRONNE,	»
M. DE NOÜE,	»
le comte DE GOUY,	»
*M. DE LA SALLE,	»
le chevalier D'ALLONVILLE,	»
*M. POISSON DES LONDES,	»
*M. Antoine COURTEN,	»
le marquis DU LAU,	»
le marquis DE LOCMARIA,	»
le marquis DE MURAT,	»
le chevalier DE LÉAUTAUD-DONINO,	»

*le comte DE LA CHAPELLE,	1780
*le marquis DE MENILLET,	»
le chevalier D'ARGENTRÉ,	»
le comte DE CASTÉJA (DE BIODOS),	»
*le marquis DE GUÉNAND,	»
*M. PRUDHOMME DE BORRE,	»
*M. DE MARTENEZ,	»
le baron DU BLAISEL,	»
*le chevalier DE LUCHET,	»
le chevalier DE BEAUREPAIRE,	»
M. SÉGUIER,	»
*le chevalier DE LAUNAY,	»
M. D'ISARN,	»
M. DE BROCA,	»
*M. DE SALGUES,	»
*le chevalier DE PONS,	»
*M. DE LORMET,	»
le chevalier DE LA GARDE,	»
le chevalier DE GESTAS,	»
*M. CHARRIER DE MORTIER,	»
*M. MALABIOU DE LA FARGUE,	»
*M. DE CHATILLON,	»
*M. DE REBOUL,	»
le vicomte DE FOUCAULD,	»
*M. DE SOUIN,	»
*le comte DE SAINT-MAURIS DE GERMONVILLE,	»
*M. LE NOIR DE ROUVRAY,	1781
le vicomte DE BOISGELIN,	»
*M. DE ZIMMERMANN,	»
le marquis DE MONTECLER,	»
le marquis DE LUBERSAC,	»
M. DE ROCHEFORT,	»
*le marquis DE VAUBOREL,	»
le comte DE GUIBERT,	»
*le comte DES ECOTAIS,	»
le comte DE CHEVIGNÉ,	»
le marquis DE CAULAINCOURT,	»
le comte DE BRASSAC (GALARD ?),	»
le vicomte DE VIBRAYE,	»
*le comte DE RUPPIÈRE,	»

le duc DE LA VAUGUYON (QUÉLEN ; branche éteinte),	1781
le comte DE PONTEVÈS,	»
le vicomte DE PONS (RENEPONT ?),	»
le comte DE CHASTELUX,	»
le marquis DE LAVAL (MONTMORENCY ? descendance masculine éteinte),	»
*le marquis DU GUESCLIN,	»
le comte DE BUSANÇOIS,	»
le marquis DE ROSTAING,	»
le comte D'AUTICHAMP,	»
M. DE VIGNY,	»
M. DE SENS DE MORSAN,	»
*le baron DE GAILHAC DE LA GARDIE,	»
le chevalier DE CARIGNAN (SAVOIE ?),	»
*le marquis DE PENHOET,	»
*le marquis DE GAYON,	»
*le comte D'EFFIAT,	»
le marquis D'EPINAY SAINT-LUC,	»
le marquis DE FAUDOAS (ligne masculine éteinte),	»
*le chevalier DE LA NOUE,	»
le marquis DE BARTILLAT,	»
*le marquis DE CREMEAUX D'ENTRAGUES,	»
le comte DESNOS,	»
*le comte DE VERNON,	»
*M. DE PRESLE,	»
*le marquis DE LIVAROT,	»
M. DE FAULTRIER,	»
le chevalier D'ABOVILLE,	»
M. DE MARTIGNAC,	»
*M. DE LAVALETTE,	»
le chevalier DE LASCOURS,	»
M. DE LESTRADE,	»
le chevalier DE SAINT-ROMAN,	1782
*M. PORTAL DE SAINT-ALBY,	»

(Il y avait, en 1783, 327 brigadiers d'infanterie.)

MESTRES DE CAMP (COLONELS) DE CAVALERIE

le marquis DE VASSAN, *Colonel général.*
le comte DE BETHUNE,   —   , en second.
*le marquis DU CHASTELLIER - DUMESNIL, *Mestre de camp général.*
le chevalier DE LAMETH,   —   , en second.
le comte DE PONTMARTIN, *Commissaire général.*
le comte D'HARCOURT,   —   , en second.
le comte DE TRACY, *Royal,* en second.
le duc DE POLIGNAC,   *du Roi.*
le comte DE SESMAISONS, — , en second.
le duc DE SULLY,   —   —
le comte DE DURFORT-CIVRAC, *Cuirassiers du Roi.*
le marquis DE COSSÉ-BRISSAC, *Roussillon.*
le baron D'HARAMBURE,   —   , en second.
le duc DE LORGE,   *Royal-Piémont.*
le marquis DE ROQUEFEUIL, — , en second.
le marquis D'ESTOURMEL,   *Royal-Pologne.*
le prince DE CHALAIS (TALLEYRAND), — , en second.
le comte D'ANDLAU, *Royal-Lorraine.*
le comte DE MARMIER,   —   , en second.
le comte DE BASSOMPIERRE, brigadier, *Royal-Picardie.*
le comte D'HARCOURT, brigadier, *Royal-Champagne.*
le vicomte DE CLERMONT-TONNERRE,   —   , en second.
le marquis DE LA ROCHE-AYMON, *Royal-Navarre.*
le comte DE MONTBEL (descendance masculine éteinte), *Royal-Navarre,* en second.
le prince DE CROŸ, *Royal-Normandie.*
*le comte DE LA PORTE,   —   , en second.
*le comte DE ROUCY, *de la Reine.*
*le comte DE LARDENOY, — , en second.
le comte Louis DE DURFORT, *Dauphin.*
le marquis DE MAUPEOU,   *Bourgogne.*
le marquis DE BEAUMONT D'AUTY, — , en second.
le duc DE CRUSSOL, *Berry,* en second.
le comte DE CHABRILLAN, lieutenant général, *Carabiniers de Monsieur.*

le vicomte DE BETHUNE, lieut^t g^{al}, 1re brig^e, en second.
le comte DE CHASTEIGNER, 2e brig^e.
le marquis DE PLEURS, — , en second.
*le baron DE FUMEL, *Artois.*
le comte DE GAIN, — , en second.
le marquis D'OSMOND, *Orléans,* en second.
le baron D'ANDLAU, *Nassau-Saarbruk,* en second.

MESTRES DE CAMP DE CHEVAUX-LÉGERS

le comte DE TOUSTAIN DE VIRAY, brigadier, 1er rég^t.
*le baron DE COULANGE, — 2e —
*le baron DE POUILLY, — 3e —
le vicomte DE CHAMBRUN, — 4e —
le comte D'ALONVILLE, — 5e —
le comte D'ASPREMONT (ORYOT?) — 6e —

MESTRES DE CAMP DE HUSSARDS

le comte DE MONTRÉAL, brigadier, *Colonel général,* en second.
*le marquis DE CHAMBORANT, mar. de camp, propriétaire, *Chamborant.*
*le marquis DE CONFLANS, lieut^t-g^{al}, propriétaire, *Conflans.*
le comte D'ESTERHAZY (famille hongroise), mar.ch. de c., propriétaire, *Esterhazy.*

MESTRES DE CAMP DE DRAGONS

le duc DE COIGNY, l^t g^{al}, *Colonel général.*
*le baron DE CŒHORN, — , m. de c. commandant.
le comte DE CHAPT DE RASTIGNAC, — , en second.
le duc DE LUYNES, mar. de camp, *Mestre de camp général.*
le marquis DE FOUCAULT, — m. de c., com^t.
le marquis DE GONTAUT, *Royal.*
le vicomte DE NOAILLES, *du Roi.*
le comte DE VIELLA, — , en second.

le chevalier DE COIGNY, brigadier, *de la Reine*.

le marquis DE LA TOUR DU PIN,   — , en second.

le comte DE SURGÈRE (LA ROCHEFOUCAULD ?), *Dauphin*.

*le comte DE LA CHASTRE, brigadier, *de Monsieur*.

*le marquis DE SAVONNIÈRES,   — , en second.

le chevalier DES CARS, *du Comte d'Artois*.

le comte François DES CARS,   — , en second.

le baron DE MONTBOISSIER, *Orléans*.

le chevalier DE LAMETH,   — , en second.

le comte D'HUNOLSTEIN, *Chartres*.

le comte DE BASCHI DU CAYLA (descendance masculine éteinte), *Condé*.

le comte François DE JAUCOURT, *Condé*, en second.

le marquis DE LAGUICHE, brigadier, *Bourbon*.

le vicomte DE SAINTE - HERMINE,   — , en second

le marquis DE MONTHOLON, *Penthièvre*.

le duc DE LIANCOURT (LA ROCHEFOUCAULD), *Liancourt*.

le comte DE LAVAL (MONTMORENCY ; descendance masculine éteinte), *La Rochefoucauld*.

le vicomte D'HECQUEVILLY (branche éteinte de la famille HENNEQUIN), *Deux-Ponts*, en second.

le vicomte Etienne DE DURFORT, *Durfort*.

le marquis DE LOSTANGES,   — , en second.

le comte DE SÉGUR, *Ségur*.

le vicomte DE LA ROCHE-AYMON, *Ségur*, en second.

le comte D'ARBOUVILLE, brigadier, *Languedoc*.

le duc D'AYEN, m^{al} de c., propriétaire, *Noailles*.

le prince DE POIX, commandant, —

le vicomte DE SÉGUR,   — , en second.

MESTRES DE CAMP DE CHASSEURS

le baron DE KLINGLIN,	brigadier,	1er rég^t
le baron DE BALTHAZAR,	—	3e —
le vicomte DE MAILLÉ,	—	4e —
le comte DE GRIVEL DE SAINT-MAURIS,	—	5e —
le comte DE SARLOBOUS (MUN),	—	6e —

MESTRES DE CAMP D'INFANTERIE

le comte DE LÉVIS-MIREPOIX, *Colonel général*, en second.

le marquis DE FAUDOAS (descendance masculine éteinte), *Picardie*.

le comte Edouard DE DILLON, *Blésois*.

*le vicomte D'AUMALE,   — , en second.

le comte DE ROCHECHOUART, brigadier, *Navarre*.

*le marquis DE LIVAROT, *Armagnac*.

le comte DE RASTIGNAC (DE CHAPT; descendance masculine éteinte), *Champagne*.

le comte DE BRYAS, *Champagne*, en second.

*le comte D'OFFELIZE, *Austrasie*.

*le comte DE RULLY,   —   , en second.

le marquis DE SAINTE-HERMINE, *Normandie*.

*le comte DE GUIBERT,   *Neustrie*.

le comte DE BARBANTANE (PUGET),   — , en second.

le marquis DE LAVAL (MONTMORENCY), *Bourbonnais*.

le vicomte DE ROCHAMBEAU (V. ci-dessus),   —   , en second.

le comte DE MENOU,   *Forez*.

le vicomte DE BOISGELIN,   — , en second.

le marquis DE BARTILLAT,   *Béarn*.

le marquis DE BOUTHILLIERS,   — , en second.

le comte D'AUTICHAMP (BEAUMONT), brig^{er}, *Agénois*.

le vicomte D'ALLEMANS (DU LAU ?),   — , en second.

le vicomte DE LAVAL (MONTMORENCY), *Auvergne*.

le marquis DE LAMETH,   — , en second.

*le marquis DE ROSTAING, *Royal-Auvergne*.

le baron DE SAINT-SIMON (descendance masculine éteinte), *Royal-Auvergne*, en second.

le duc D'HAVRÉ et DE CROŸ,   *Flandre*.

le comte DU PLESSIS-BELLIÈRE (ROUGÉ), — , en second.

le marquis D'ANGOSSE, *Cambrésis*.

le marquis DE PARDIEU, *Guyenne*.

le comte DE CHOISEUL D'AILLECOURT, *Guyenne*, en second.

le comte DE BOUILLÉ, *Viennois.*

le marquis DE COIGNY,   — , en second.

le comte DE MAILLY, marquis DE NESLE (branche éteinte ; titre relevé par la branche de MAILLY D'HAUCOURT), brigadier, *Royal.*

le vicomte DE RASTIGNAC (V. plus haut), — , en second.

*le comte DE BUSANÇOIS, *Poitou.*

le comte DE BRASSAC (GALARD), *Bresse.*

*le marquis DE GOULET,   — , en second.

le vicomte LE VENEUR, *Lyonnais.*

*le comte DE CLARAC, brigadier, *Maine.*

le comte DE GESTAS,   — , en second.

*le marquis DE LA SUZE (CHAMILLART), *Dauphin.*

le baron DU COETLOSQUET,   — , en second.

le marquis D'EPINAY-SAINT-LUC, *Perche.*

*le vicomte DE LANJUMER,   — , en second.

*le marquis D'APCHON, *Aunis.*

le comte Ch. DE DAMAS, — , en second.

*le comte DE LA CHAPELLE, brig^er, *Bassigny.*

le marquis DE MOGES,   — , en second.

le chevalier DE MIRABEAU, *Touraine,* en second.

le comte DE VILLEFRANCHE (DE TULLE), *Savoie-Carignan.*

*le comte DE TROUSSEBOIS, *Savoie-Carignan,* en second.

le marquis DE CRILLON (DE BALBES DE BERTON ; descendance masculine éteinte, brigadier, *Aquitaine.*

le chevalier DE DAMAS, *Aquitaine,* en second.

le vicomte DE MAILLY, brigadier, *Anjou.*

le vicomte DE BOURBON-BUSSET,   — , en second.

le marquis DE ROCHEDRAGON (descendance masculine éteinte), *Maréchal de Turenne.*

*le vicomte DE PONS, *Dauphiné.*

*le marquis DE COURBON,   — , en second.

le marquis DE LA TOURETTE, *Ile de France,* en second.

le comte DE SÉGUR, *Soissonnois,* en second.

le comte DE PRASLIN (CHOISEUL), *la Reine,* en second.

le baron DE VERGENNES, *Royal-Vaisseaux,* en second.

le comte DE BARBANÇOIS, *Orléans.*

*le marquis DE LUSIGNENT, — , en second.

le marquis D'AVARAY (DE BESIADE), brig^{er}, *la Couronne.*

le marquis DE GRAVE,   — ,

en second.

le comte DE CRILLON (V. ci-dessus), brig^{er}, *Bretagne.*

le comte DE DIVONNE (DE LA FOREST), *Artois.*

le duc DE MORTEMART,   *Lorraine.*

le marquis DE MORTEMART,   — , en second.

le baron DE CRUSSOL, brigadier, *Berry.*

le marquis de BIENCOURT,   — , en second.

*le marquis de VAUBOREL,   *Roussillon.*

*le marquis DE MERLE D'AMBERT,   — , en second.

*le comte DE LA BÉLINAYE, brigadier, *Condé.*

le chevalier DE GRIMALDI (DE GOYON-MONACO?),
Condé, en second.

le comte DE CANILLAC (DE MONTBOISSIER), *Bourbon.*

le marquis DE VALORI DE LECÉ,   — , en
second.

*le vicomte DE CUSTINE, *Rouergue.*

le comte DE TOULONGEON (DE GASPARD), *Rouergue,* en
second.

le comte DE LAMBERTYE, *Royal-Marine.*

le prince DE BERGHES, *Anhalt,* en second.

le marquis DE LASCASES, *Languedoc.*

le marquis DE JANSON (FORBIN), — , en second.

*le marquis DE THÉMINES, *Beauce.*

le marquis DE BROISSIA (FROISSARD), *Beauce,* en
second.

le comte DE WALDNER, l^t g^{al}, m^{tre} de camp, propriétaire, *Waldner (Suisse).*

le comte DE COSSÉ-BRISSAC, *Vivarais.*

le chevalier DE PUYSÉGUR,   — , en second.

le comte DE DURAS, brigadier, *Vexin.*

le chevalier DE BASSOMPIERRE, — , en second.

le comte DE CASTÉJA (DE BIODOS), brigadier, *Royal-
Comtois.*

*le chevalier DE LA NOUE, brigadier, *Royal-Comtois,* en
second.

le comte DE CHASTELUX, brigadier, *Beaujolais.*

le comte DE MAUBOURG (Est-ce FAY DE LA TOUR-
MAUBOURG?), *Beaujolais,* en second.

le marquis DE VIRIEU, *de Monsieur,* en second.
le prince D'AREMBERG, comte DE LA MARCK, *la Marck.*
le comte D'HINNISDAL,   —   ,
en second.
le comte DE BUDES DE GUÉBRIANT, brigadier, *Pen-*
thièvre.
le marquis DE SENNEVOY, brigadier (descendance masculine éteinte), *Boulonnais.*
*le comte DES ÉCOTAIS, brig^{er}, *Boulonnais,* en second.
*le marquis D'USSON, brigadier, *Angoumois.*
le chevalier DE NARBONNE,   —   , en second.
*le comte DE CAUSANS,   *Conty.*
le marquis DE WIGNACOURT,   — , en second.
le vicomte DE ROCHAMBEAU (V. ci-dessus), *Saintonge.*
le prince DE BROGLIE,   —   ,
en second.
le marquis DE MONTI, l^t g^{al}, propriétaire, *Royal-Ita-*
lien.
le chevalier DE CARIGNAN (SAVOIE), commandant,
Royal-Italien.
le chevalier DE BROGLIE, *Royal-Italien,* en second.
le comte DE NIEUL, brigadier, *Foix.*
le comte DE SAINT-SAUVEUR,   — , en second.
le maréchal prince DE SOUBISE, propriétaire, *Rohan-*
Soubise.
le marquis DE CAULAINCOURT, brigadier, commandant, *Rohan-Soubise.*
*le comte DE RUPPIÈRE, *Rohan-Soubise,* en second.
le comte DE DIESBACH DE BELLEROCHE, lieutenant général, *Diesbach.*
*le comte DE COURTEN, maréchal de camp, *Courten.*
le comte DE DILLON, brigadier, *Dillon.*
le chevalier Théobald DILLON,   — , en second.
le maréchal duc DE FITZJAMES, propriétaire, *Berwick.*
le chevalier DE FITZJAMES, commandant,   —
le marquis DE LA TOUR DU PIN-MONTAUBAN, *Chartres,*
en second.
le marquis DE CHABRILLAN, brigadier, *Barrois.*
le comte DE WALSH-SERRANT, brig^{er}, *Walsh.*
le vicomte DE WALSH-SERRANT,   — , en second.

le baron DE SALIS, maréchal de camp, *Salis*.

le comte DE PONTEVEZ, brigadier, *Royal-Corse*, en
second.

le baron DE REINACH, *Nassau*.

le baron DE WIMPFEN, *Bouillon*.

*le baron LEFORT,   —   , en second.

le comte DE SPARRE, maréchal de camp, propriétaire,
Royal-Suédois.

le comte DE HAMILTON, *Royal-Suédois*, en second.

MESTRES DE CAMP DES TROUPES PROVINCIALES

le vicomte DE BÉTHIZY, (descendance masculine
éteinte),   Grenadiers royaux de *Picardie*.

*le comte DE BÉVY, brigadier,   —   *Champagne*.

*le marquis DE MÉNILLET, brig^{er}, —   *Normandie*.

*le marquis DU CREST,   —   *Guyenne*.

*le marquis DE MONTECLER,   —   *Touraine*.

*le marquis DE CREMEAUX D'AN-
TRAGUES, brigadier,   —   *Orléanais*.

*le marquis DE PENHOET, brig^{er}, —   *Bretagne*.

*le marquis DE MONTCHAT, brig^{er}, —   *Lorraine*.

le comte DESNOS, brigadier, Artillerie, *La Fère*.

*le comte DE BARDONENCHE,   —   *Grenoble*.

le comte DE CHEVIGNÉ, brig^{er}, —   *Colmar*.

*le marquis DE GAYON, brig^{er}, —   *Besançon*.

*le comte DE LA GRANVILLE,   —

le marquis DU LAU, brigadier,   —

*le comte DE BRANCION,   —

COLONELS D'ARTILLERIE

D'ABOVILLE, brigadier,   régiment de *Metz*.

GIMEL, colonel en second,   —   —

*D'HÉLIOT,   —   *La Fère*.

*le vicomte DE VOISINS,   —   *Besançon*.

*le chevalier DE CIRFONTAINE,   —   *Auxonne*.

DE BELLEGARDE,   —   *Toul*.

*D'ANGEST,   —   *Grenoble*.

*DE LA ROCHE-GIRAULT,   —   *Strasbourg*.

CORPS DES MINEURS

GOULET DE RUGY, colonel.

COLONELS DU CORPS DU GÉNIE

*DU VIGNAU.
*SENNETON DE CHERMONT.
*POISSON DES LONDES.
*CHAUSSEGRAS DE LÉRY.
*Chevalier DE MARSAING.
*GRILLOT DE PREDELYS.
*VARLET.
*DARÇON.

MARINE

VICE-AMIRAUX

le comte DE LA ROCHEFOUCAULD-COUSAGES,   1782

LIEUTENANTS GÉNÉRAUX DES ARMÉES NAVALES

le comte DU CHAFFAUT DE BESNÉ,   1777
M. DE BROVES,   1779
le comte DE GUICHEN (ligne masculine éteinte),   »
*M. LA JONQUIÈRE-TAFANEL,   1780
*M. DE LA TOUCHE-TRÉVILLE,   1781
le comte DE GRASSE-TILLY,   »
le vicomte DE ROCHECHOUART,   1782
*le marquis DESHAYES DE CRY,   »
le comte D'ARBAUD DE JOUQUES,   »
*le chevalier FABRY,   »

CHEFS D'ESCADRE

*M. MERCIER,   1767
le marquis DE LA PRÉVALAYE,   1776
le bailli DESNOS,   »
*M. FAUCHER,   »

le comte DU DRESNAY-DES-ROCHES,	1776
le chevalier DE FORBIN D'OPPÈDE,	»
*M. BOISSEAU DE LA GALERNERIE,	»
*M. DE MORIÈS-CASTELET,	»
*le comte HECTOR,	»
le marquis DE VAUDREUIL (descendance masculine éteinte),	1779
*M. DE BOUGAINVILLE,	»
*le comte DE MARIN,	1781
*le chevalier DU BREIL DE RAY,	»
le chevalier D'APCHON,	»
le chevalier DE CORIOLIS D'ESPINOUSE,	1782
*le comte DE CHERISAYE,	»
le comte DE VAUDREUIL,	»
M. BEAUSSIER DE CHATEAUVERT,	»
le marquis DE CHABERT,	»
*le commandeur SUFFREN,	»

BRIGADIERS DES ARMÉES NAVALES

*le chevalier DE LAUGIER-BEAUCOUSE.
le comte DE QUÉLEN.
M. DE GRASSE-LIMERMONT.
le commandeur DE DAMPIERRE.
*M. LA PORTE-VEZINS.
PONTÉ, marquis DE NIEUIL.
*le chevalier DE GLANDEVEZ.
*le chevalier DE RETZ.
*M. DE BRIQUEVILLE.
*M. DU CLESMEUR.
M. MITHON DE GENOUILLY.
le chevalier DE BALLEROY.
*le chevalier DE LA BIOCHAYE.
*M. DESTOUCHES.
*M. DU PLESSIX-PARSEAU.
le chevalier HUON DE KERMADEC.
*M. PERRIER DE SALVERT.
le chevalier DE MONTECLER.
*le chevalier DE RAIMONDIS.
*M. VALMENIER-CACQUERAY.

*le comte DE CICÉ-CHAMPION.
M. DE LA GRANDIÈRE.
*M. DE VIALIS.
M. JOANNIS.
le comte LE BÈGUE.
*le comte DE SOULANGE.
le marquis DE CORIOLIS-PUYMICHEL.
*le chevalier LE GRAS DE PRÉVILLE.
*M. DE GINESTE.
*M. DE MAS.
*le comte DE FRAMONT.
*le chevalier DE FAUTRAS.
*M. THÉVENARD.

GOUVERNEURS, COMMANDANTS
ET
LIEUTENANTS GÉNÉRAUX
DES PROVINCES DU ROYAUME

1° GOUVERNEURS ET GOMMANDANTS EN CHEF

le duc DE BRISSAC (COSSÉ), *ville et vicomté de Paris,*   1775
le comte DE PÉRIGORD (TALLEYRAND), *Picardie,* 1769
le duc DE CROŸ, commandant,   —   ,   »
le maréchal prince DE SOUBISE (ROHAN-ROHAN ; branche éteinte), *Flandre et Hainaut.*
le prince DE ROBECQ (MONTMORENCY ; descendance masculine éteinte, commandant),
le maréchal duc DE BROGLIE, *Pays Messin,*   1771
le duc D'AIGUILLON (RICHELIEU ; descendance masculine éteinte), *Alsace,*   1762
le maréchal DE CONTADES, comm., en chef,   »
le maréchal duc DE DURAS (LORGE ; branche éteinte), *Franche-Comté,*   1770
le comte DE VAUX, commandant en chef.
le marquis DE GOUVERNET (LA TOUR DU PIN), commandant en chef, *Bourgogne.*

le duc DE TONNERRE (CLERMONT-TONNERRE),
commandant, *Dauphiné*.

le prince DE BEAUVAU, *Provence*,   1782

le comte DE THIARS, commandant en chef.

le prince DE MONACO, *Monaco*.

le maréchal duc DE BIRON (GONTAUT), *Languedoc*,   1775

le comte DE PÉRIGORD (TALLEYRAND), com^t en chef.

le maréchal duc DE NOAILLES, *Roussillon*,   1766

le duc D'AYEN, en survivance, — ,   1770

le duc DE GRAMONT, *Navarre et Béarn*,   1745

le maréchal duc DE RICHELIEU, *Guyenne et Gascogne*,   1755

le maréchal duc DE MOUCHY (NOAILLES), com^t en chef.

le vicomte DE NOAILLES, en survivance.

le duc D'HARCOURT, *Normandie*,   1775

le maréchal D'HARCOURT, com^t en chef.

*le comte DE BUZANÇOIS, *Le Havre*,   1773

le duc DE LAVAL (MONTMORENCY ; descendance masculine éteinte), *Principauté de Sedan*.

le marquis DE LAVAL, en survivance.

le marquis DE LEVIS, *Artois*,   1765

le duc DE VILLEQUIER (AUMONT), *Boulonnais*,   1782

le duc DE CROŸ, commandant en chef.

le comte DE MONTBOISSIER, com^t en chef, *Auvergne*.

*le marquis DE SÉGUR, *Foix et Andorre*,   1753

le maréchal duc DE FITZ-JAMES, *Limousin*,   1734

le duc DE FITZ-JAMES, en survivance, — ,   1768

le duc D'UZÈS, *Angoumois et Saintonge*,   1753

le duc DE CHOISEUL, *Touraine*,   1760

le duc DE LAVAL (comme ci-dessus), *Aunis*.

*le comte DE MELLET, *Maine*.

le baron DE MONTMORENCY (comme ci-dessus), commandant en chef.

le comte Charles DE ROCHECHOUART-FAUDOAS, *Orléanais*,   1757

5

le comte Louis DE ROCHECHOUART, en survivance, *Orléanais*,   1765
le marquis DE MONTEYNARD, *Ile de Corse*,   1772

2° COMMANDANTS EN SECOND ET LIEUTENANTS GÉNÉRAUX

le marquis DE GOUY   , *Ile de France*.
le comte DE GOUY, en survivance,   —   .
le marquis D'ARBOUVILLE   ,   —   .
le duc DE CHAROST (BÉTHUNE ; branche éteinte), *Picardie*.
* le marquis DE FEUQUIÈRES, *Roye, Péronne, Montdidier*.
* le vicomte DE LA MAILLARDIÈRE, *Vermandois*.
le prince DE TINGRY (MONTMORENCY-LUXEMBOURG ; descendance masculine éteinte), *Flandre et Hainaut*.
le marquis DE SÉGUR, *Champagne*.
le marquis D'ECQUEVILLY (HENNEQUIN ; branche éteinte), *Reims*.
le marquis DE CHOISEUL-LA-BAUME, *Vitry et Chaumont*.
le comte DE CARAMAN, commandant en second du pays *Messin*.
le comte DE STAINVILLE (CHOISEUL).
le comte DE CHOISEUL-LA-BAUME.
* le marquis DE CHAMBORANT, *Lorraine*.
* le marquis DE PAROY, *Meaux, Provins, Château-Thierry*
* M. DE NAINVILLE, *Verdun*.
le marquis DE VOGUÉ, *Alsace*.
* le marquis DE PAULMY, *Alsace*.
le duc DE LORGE, *Franche-Comté*.
le marquis DE SAINT-SIMON, commandant en second.
le comte DE MONTEYNARD, *Chalonnais*.
le marquis DE GOUVERNET (LA TOUR DU PIN), *Charolais*
* le marquis D'APCHON, *Mâconnais*.
* le marquis DE SADE, *Bresse et Bugey*.
le marquis DE CASTRIES, *Lyonnais, Forez, Beaujolais*.
* le comte DE BLOT, *Dauphiné*.
le marquis DE BRANCAS (descendance masculine éteinte), *Provence*.

*le marquis DE CAUSANS, *Provence.*

le comte DE CARAMAN, *Haut-Languedoc.*

le comte DE BISSY (THIARS), *Bas-Languedoc.*

le duc DE GONTAUT, *Cévennes.*

le vicomte DE CAMBIS D'ORSANS, commandant en second, *Languedoc.*

*le comte DE ROCHEFORT, *Languedoc.*

le comte DE MAILLY (branche de MAILLY D'HAUCOURT), *Roussillon.*

le duc DE MAILLY, *Roussillon,* en survivance.

*M. DE CHOLLET, commandant en second, *Roussillon.*

le vicomte DE LA ROCHEFOUCAULD, *Navarre et Béarn.*

le comte D'ESPARBÈS, commandant en second, *Guyenne.*

le comte DE GOYON (MATIGNON? la branche des princes DE MONACO survit seule), commandant en second, *Bretagne.*

le duc D'AIGUILLON (RICHELIEU), *comté Nantais.*

le duc DE PRASLIN (CHOISEUL), *les huit autres Evêches.*

le comte DE VALENTINOIS (GOYON-GRIMALDI-MONACO), *Normandie.*

*le comte DE FOUGIÈRES, *Bourbonnais.*

M. DE MONTAIGNAC, *Berry.*

le duc DE CAYLUS, *Haute-Auvergne.*

le vicomte DE BEAUNE (MONTAGU ; descendance masculine éteinte), *Basse-Auvergne.*

le marquis DES CARS, *Limousin.*

*le marquis DE FLORESSAC, *Marche.*

le marquis DE MONTALEMBERT, *Saintonge et Angoumois.*

*le comte DE JONSAC, *Angoumois et Saintonge.*

le comte DE LA TOUR DU PIN, com^t en second, *Aunis.*

le marquis DE FLAMARENS (descendance masculine éteinte), *Aunis.*

le marquis DE VÉRAC (SAINT-GEORGES ; descendance masculine éteinte), *Haut-Poitou.*

le marquis D'AVARAY (BÉSIADE), *Orléanais et Beauce.*

*M. DE BRISEY, comte DE DENONVILLE, *Pays Chartrain.*

le comte DE DURFORT, *Blésois.*

GOUVERNEURS
ET COMMANDANTS DES COLONIES

GOUVERNEURS

*M. DE BELLECOMBE, *Saint-Domingue.*
le marquis DE BOUILLÉ, *la Martinique.*
le vicomte DE DAMAS, *la Guadeloupe.*
*M. ROUXEL DE BLANCHELANDE, *Tabago.*
*le vicomte DE SOUILLAC, *Iles de France et Bourbon.*
le comte DE DILLON, *Saint-Christophe.*

COMMANDANTS

*M. DE BOURGON, *la Dominique.*
*le baron DE SOUVILLE, *Bourbon.*
*M. DUPLESSIS, *Saint-Vincent.*

GOUVERNEURS
DES PRINCIPALES VILLES

le duc DE BRISSAC (COSSÉ), *Paris.*
*le marquis DE LAUNAY, *la Bastille.*
*le marquis DE LA FERRIÈRE, *Amiens.*
le duc DE CHAROST (BÉTHUNE ; branche éteinte), *Calais.*
le duc DE BRANCAS (descendance masculine éteinte), *Guise.*
le duc DE VILLEQUIER (AUMONT), *Montreuil.*
le chevalier DE SAINT-MAURIS, *Péronne.*
le comte DE LA BILLARDERIE (FLAHAUT), *St-Quentin.*
le marquis DE PONTÉCOULANT (DOULCET), *Gravelines.*
le prince DE TINGRY (MONTMORENCY-LUXEMBOURG), *Valenciennes.*
le duc DE CROŸ, *Condé.*
le comte DE DURFORT, *Bouchain.*
le comte DE JUMILHAC (CHAPELLE), *Philippeville.*
le comte DE MONTMORT, *Charlemont.*

*le marquis DE CERNAY, *Le Quesnoy.*

le duc DE COIGNY (descendance masculine éteinte), *Cambray.*

le comte ESTERHAZY, *Rocroy.*

le comte DE CHOISEUL-LA-BAUME, *Verdun.*

le chevalier DE CHASTELUX, *Longwy.*

le marquis DE MONTEYNARD, *Sarrelouis.*

le prince de BEAUVAU, *Bar.*

*le marquis DESSALES, *Neufchâteau.*

le comte DE STAINVILLE (CHOISEUL), *Epinal.*

le duc DE CHOISEUL, *Mirecourt.*

le comte DE BOISGELIN, *Saint-Mihel.*

le maréchal DE CONTADES, *Fort-Louis.*

le duc D'HAVRÉ (CROŸ), *Schelestadt.*

le marquis DE TONNERRE (CLERMONT-TONNERRE), *Belfort.*

le baron DE BESENVAL, *Haguenau.*

le duc DE GONTAUT, *Landau.*

le vicomte DE LA TOUR DU PIN-LA-CHARCE, *Pontarlier et fort de Joux.*

le comte DE FERRONAYS, *Dôle.*

le comte DE BISSY (THIARS), *Auxonne.*

le comte DE MONTEYNARD, *Châlons-sur-Saône.*

le marquis DE MARCIEU (EMÉ), *Grenoble.*

le marquis D'HÉRICOURT, *Mondauphin.*

*le comte DE MONTAZET, *Marseille* (citadelle).

le comte DU CHERISEY,   —   (fort Saint-Jean).

le comte DE SCEY,   —   (château d'If).

*le comte DE CUSTINE, *Toulon.*

le marquis DE CASTELLANE, *Iles Sainte-Marguerite.*

le marquis DE JANSON (FORBIN), *Antibes.*

le comte DE CHOISEUL-BEAUPRÉ, *Sisteron.*

le marquis DE CASTRIES (LA CROIX), *Montpellier.*

le comte DU ROURE (BEAUVOIR-GRIMOARD ; descendance masculine éteinte), *le Pont-Saint-Esprit.*

le comte DE MÉRINVILLE (DES MONSTIERS), *Narbonne.*

le comte D'ARCHIAC, *Agde.*

*le marquis DE JONSAC, *Collioure.*

le comte DE ROCHAMBEAU (V. ci-dessus), *Villefranche.*

le comte DE MONTBOISSIER, *Bellegarde.*

le vicomte DE MAILLY, *Montlouis.*
le marquis DE JAUCOURT (V. ci-dessus), *Blaye.*
*le marquis DE VASSÉ, *Rennes.*
le comte DE THIARS, *Brest.*
le marquis DE NOAILLES, *Vannes.*
le comte DE BALINCOURT, *Port-Louis.*
le marquis DE MOLAC (KERCADO ; descendance masculine éteinte), *Quimper.*
*le marquis DE TOURVILLE, *Dieppe.*
le duc DE COIGNY (V. ci-dessus), *Caen.*
le comte DE VALENTINOIS (V. ci-dessus), *Cherbourg.*
le duc DE VILLEQUIER, *Boulogne.*
le marquis DE LÉVIS, *Arras.*
*M. DE LA PORTERIE, — , (citadelle).
le prince DE ROBECQ (MONTMORENCY ; V. ci-dessus), *Aire.*
le duc D'ESTISSAC (LA ROCHEFOUCAULD), *Bapaume.*
le marquis D'HAVRINCOURT (CARDEVAQUE), *Hesdin.*
le chevalier DE MAUPEOU, *Béthune.*
le marquis DE LA ROCHE-AYMON, *Saint-Venant.*
*le bailli DES ECOTAIS-DE-CHANTILLY, *Ile de Re.*
*le baron DE VERTEUIL, *Ile d'Oléron.*
*le comte D'APCHON, *Brouage.*
le marquis DE CASTELLANE, *Niort.*

GOUVERNEURS DES MAISONS ROYALES

le prince DE POIX (NOAILLES),	*Versailles.*
le mar[al] DE MOUCHY (NOAILLES), en survivance,	—
le duc DE NOAILLES,	*Saint-Germain.*
le duc D'AYEN (NOAILLES), en survivance,	—
le marquis DE SAUMERY (descendance masculine éteinte),	*Chambord.*
*le marquis DE CHAMPCENETZ,	*Palais des Tuileries, Meudon, Bellevue.*
son fils, en survivance,	—

le duc DE DURAS (LORGE),   *Saint - Hubert.*
le maréchal DE MOUCHY, en survivance,   —
le duc DE COIGNY (descendance
 masculine éteinte),   *Choisy-le-Roi.*
le comte DE MODÈNE,   *le Luxembourg.*

HOTEL DES INVALIDES

le marquis de SÉGUR, ministre de la guerre, directeur.
*le baron D'ESPAGNAC, gouverneur.
*M. DE GILIBERT, major.
*M. DE FRÉMINVILLE, trésorier.

CHEVALIERS
DE L'ORDRE DU SAINT-ESPRIT

le maréchal duc DE RICHELIEU (nom et titres
 relevés aujourd'hui par la famille CHAPELLE
 DE JUMILHAC),   1729
le maréchal duc DE BIRON (GONTAUT), 1744
le maréchal duc DE NOAILLES, 1749
le duc D'ESTISSAC (LA ROCHEFOUCAULD), »
le baron DE MONTMORENCY (descendance masculine éteinte),   »
le maréchal duc D'HARCOURT, 1756
le maréchal duc DE FITZ-JAMES, »
le duc D'AIGUILLON (RICHELIEU), »
le prince DE BEAUVAU,   1757
le duc DE GONTAUT,   »
le marquis DE BÉTHUNE,   1757
le duc DE CHOISEUL,   »
le cardinal DE BERNIS,   1758
le cardinal DE LUYNES,   1759
le maréchal DE CONTADES,   »

le comte DE ROCHECHOUART,   1759
le duc DE CROŸ,   »
*DE JARENTE, évêque d'Orléans,   1761
le duc DE PRASLIN (CHOISEUL),   1762
le maréchal duc DE BROGLIE,   »
le marquis DE CASTRIES,   »
le maréchal duc DE DURAS (DURFORT ; branche
    éteinte),   1767
le maréchal duc DE MOUCHY (NOAILLES),   »
le comte DE PÉRIGORD (TALLEYRAND),   »
le prince DE TINGRY (MONTMORENCY-LUXEM-
    BOURG; descendance masculine éteinte),   »
*le comte DE PONS-SAINT-MAURICE,   »
le marquis DE SÉGUR,   »
le marquis DE BRANCAS (descendance masculine
    éteinte),   »
DE COETLOSQUET, ancien évêque de Limoges,   1776
DE DILLON, archevêque de Narbonne,   »
le comte DE LA ROCHE-AYMON,   »
le comte DE TALLEYRAND,   »
le vicomte DE LA ROCHEFOUCAULD,   »
le duc D'UZÈS,   »
le duc DE BRISSAC,   »
le comte DE MAILLY (fait M^{al} de France en 1784;
    branche D'HAUCOURT, seule survivante),   »
le comte DE MONTBOISSIER,   »
le marquis DE LÉVIS,   »
le baron DE BRETEUIL,   »
le duc DE CIVRAC (DURFORT),   »
le duc DE COIGNY (descendance masculine éteinte),   1777
le duc DE VILLEQUIER (AUMONT),   »
le marquis DE POLIGNAC,   »
le marquis DE BÉRENGER ~~(descendance mascu-~~
    ~~line éteinte)~~,   »
le cardinal DE ROHAN (des ROHAN-ROHAN),   »
le prince DE MONTBARREY (SAINT-MAURIS LE
    MUID ; branche éteinte),   1778
le comte DE BOISGELIN,   »
le marquis DE VOGUÉ,   »

le cardinal DE LA ROCHEFOUCAULD,   1780
DE LOMÉNIE DE BRIENNE, archevêque de Tou-
    louse (descendance masculine éteinte),   1782

OFFICIERS DE L'ORDRE

le comte DE VERGENNES, ministre secrétaire
    d'Etat, grand trésorier de l'Ordre,   1781
M. AMELOT, secrétaire d'Etat, secrétaire,   »

ORDRE DE SAINT LOUIS
ET
ORDRE DU MÉRITE MILITAIRE
(POUR LES PROTESTANTS)

GRANDS-CROIX

le comte DE WALDNER, lieutenant général,   1759
le marquis DE MONTMORT,   —   1761
le baron DE BESENVAL,   —   1766
*le marquis DE CERNAY,   —   »
le comte DE COETLOGON,   —   »
le comte DE ROCHAMBEAU,   —
    (V. ci-dessus),   1772
*le comte DE NARBONNE-PELET-FRITZLAR, ma-
    réchal de camp,   1774
*M. PINON, marquis DE SAINT-GEORGES, lt gal,   »
*le comte DE LA CHÈZE, lieutenant général,   »
*M. DE GRIBEAUVAL,   —   1776
le marquis DE PONTÉCOULANT, mal de camp,   1778
*le marquis DE SAUZET,   —   »
*LE GOUX DU PLESSIS,   »
le maréchal prince DE SOUBISE (ROHAN),   1779
le marquis DE MONTEYNARD, lieutent gal,   »
le comte D'AFFRY (Suisse),   —   »
*le baron D'ESPAGNAC,   —   »
le comte DE FLAVIGNY,   —   »

*le comte DE MONTAZET,   —   1779
le comte DE DIESBACH,   —   »
le comte D'ARCHIAC, maréchal de camp,   »
le comte DE PUYSÉGUR,   —   1780
*le marquis DE TRAISNEL, lieutenant général,   1781
le comte DE CHOISEUL-BEAUPRÉ,   —   »
*M. DE FOURCROY, maréchal de camp,   »
le comte DU CHAFFAULT DE BENÉ, lieut^t gén^{al}
     des armées navales,   1775
le comte DE GUICHEN (descendance
     masculine éteinte),   —   1778
le comte DE LA ROCHEFOUCAULD-COUSAGE, vice-
amiral,   1779
*M. DE MAUVILLE, lieut^t gén^{al} des armées navales, 1780

COMMANDEURS

le comte DE SPARRE,   maréchal de camp, 1752
*le marquis DE CROISMARE,   —   1753
le comte DE DURFORT,   —   1763
*le comte DE COURTEN,   —   1766
le marquis D'HÉRICOURT,   —   »
*le comte DE GUIBERT,   —   »
*M. DE LORT DE SAINT-VICTOR,   —   »
*le marquis DE ROSTAING,   lieutenant général, 1768
*le comte D'AUGER,   —   1771
*le marquis DE RAY,   maréchal de camp, »
*le marquis DE TOURNY,   —   »
le vicomte DE VALFONS DE SEBOURG, l^t g^{al},   »
*le marquis DE VISÉ,   —   1772
*le baron DU BLAISEL,   —   1774
M. DE SAINT-SAUVEUR,   —   1775
*le comte DE GAYON,   —   »
*M. Louis DE DRUMMOND DE MELFORT, —   »
le baron DE SALIS-MEYENFELDT, brigadier,   1777
*M. DU ROZEL DE BEAUMANOIR, maréc^{al} de camp, »
le marquis DE LA GRANGE,   —   »
le comte DE VOGUÉ,   lieutenant général, 1778
*M. DE SAINT-WAST,   maréchal de camp, »

le comte DE SCEY, lieutenant général, 1779
le marquis DE VAUBÉCOURT
(NETTANCOURT), — »
le marquis DE ROCHEGUDE, — »
le comte DE CARAMAN, — »
*le comte DE MELFORT, — »
*le comte DE LA ROQUE DE FRUGY, — »
le marquis DE MOLAC (KERCADO ; descendance
masculine éteinte), maréchal de camp, »
*le comte DE SOMMIÈVRE, — »
le comte de WALL, — 1779
*le chevalier DE PANAT, — »
le chevalier DE BALLEROY, — »
le marquis D'AUTICHAMP, lieutenant général, »
le comte DE GRAVES, maréchal de camp, 1780
*M. D'AUMONT, — »
*le comte DE GAYON DE VAUDURAND, lt gal, 1781
*le marquis D'AMBLY, maréchal de camp, »
*M. D'AUBIGNY, — »
le marquis DE SAINT-SIMON (descendance masculine éteinte), maréchal de camp, 1782
*M. DE GRÉAUME, — »
M. DE BROVES, lt gal des armées navales, 1771
*le comte DE BREUGNON, — 1776
le marquis DE LA PRÉVALAYE, chef d'escadre, 1779
le marquis DE VAUDREUIL (descendance masculine éteinte), chef d'escadre, 1780
le comte DE GRASSE-TILLY, — 1781
*le chevalier DE BAUSSET, — »
'le chevalier DESTOUCHES, capitaine de vaisseau, 1782

ORDRE DE SAINT MICHEL

le marquis DE ROUX, conseiller d'Etat, 1742
*M. PICHANT DE LA MARTINIÈRE, conseiller
d'Etat, 1er chirurgien du Roi, 1749
M. COCHIN, graveur ordinaire du Roi, garde
des dessins du cabinet de S. M., secrétaire
perpétuel de l'Académie de peinture, 1757

*M. FLACHAT DE SAINT-BONET, ancien prévôt
des marchands de la ville de Lyon,   1757

*M. DE L'ECLUSE DE LA CHAUSSÉE, doyen des
députés du commerce,   1758

le comte DE TOUSTAIN DE RICHEBOURG, major
d'infanterie, lieutenant des maréchaux de
France au pays de Caux,   »

M. DAUDÉ, vicomte D'ALZON, subdélégué au
Vigan,   1761

*M DE MAZIÈRE DE SAINT-MARCEL, à Vienne,
en Dauphiné,   »

M. MOREAU DE LA ROCHETTE, inspecteur des
pépinières royales et des chasses de la Capi-
tainerie de Fontainebleau,   1769

*M. DE LA SALLE, dessinateur et fabricant, pen-
sionnaire du roi à Lyon,   1775

M. MOREAU, chirurgien-major de l'Hôtel-Dieu,   1777

*M. POURSIN DE GRANDCHAMP, secrétaire du roi,   1780

*M. QUATREMÈRE DE L'EPINE, ancien échevin,   »

*M. QUATREMÈRE, ancien consul,   »

GRANDS D'ESPAGNE, FRANÇAIS

le maréchal duc DE MOUCHY (NOAILLES).

le duc DE VALENTINOIS (des GOYON-MATIGNON-GRI-
MALDI, princes de Monaco).

le comte DE LA MARCK, prince D'AREMBERG.

le marquis DE BRANCAS (descendance masculine éteinte
en France ; il y a encore des BRACACCIO à Naples ;
la dernière descendante des ducs DE BRANCAS a porté
la grandesse aux HIBON DE FROHEN).

le duc D'HAVRÉ et DE CROŸ.

le duc DE CROŸ.

le prince DE ROBECQ (MONTMORENCY ; descendance
masculine éteinte ; la grandesse a passé à une branche
des COSSÉ-BRISSAC).

le prince DE BEAUVAU.

le prince DE CHIMAY (de la branche aînée, aujourd'hui
éteinte, de la maison D'ALSACE-HENIN-LIÉTARD).

le marquis DE ROUHAULT-GAMACHES, héritier de la
grandesse des LA MOTHE-HOUDANCOURT, qui a passé
depuis aux D'HÉRICY et appartient aujourd'hui à la
marquise DE WALSH-SERRANT, née D'HÉRICY, titrée
duchesse DE LA MOTHE-HOUDANCOURT.

le comte DE PÉRIGORD (TALLEYRAND ; branche ré-
cemment éteinte).

le marquis D'HAUTEFORT (descendance masculine
semble éteinte).

le marquis DE SAINT-SIMON (descendance masculine
éteinte).

le duc DE CAYLUS (ROBERT DE LIGNERAC).

le duc DE DOUDEAUVILLE (LA ROCHEFOUCAULD).

le prince DE MONTBARREY (branche éteinte des SAINT-
MAURIS LE MUID).

le duc DE CRILLON (descendance masculine éteinte ; la
grandesse a passé aux GRAMMONT).

FRANÇAIS DÉCORÉS DE L'ORDRE DE LA TOISON-D'OR

le duc DE BRANCAS-VILLARS (V. ci-dessus).
le maréchal duc DE MOUCHY (NOAILLES).
le duc DE CHOISEUL.
le duc DE DURAS (LORGE ; branche éteinte).
le duc D'AYEN (NOAILLES).

MAISON DU ROI, DE LA REINE
ET
DES PRINCES DU SANG

MAISON DU ROI

le cardinal prince DE ROHAN (ROHAN-ROHAN ;
fixés aujourd'hui en Allemagne), grand aumônier,   1777

l'abbé LE CORNU DE BALIVIÈRE (descendance
masculine éteinte), aumônier ordinaire,   1764
l'abbé DE MORETON DE CHABRILLAN, aumônier.
l'abbé DE CASTELLANE,   —
l'abbé DE BEAUMONT,   —
l'abbé DE VESINS,   —
*l'abbé DE CASTELNEAU D'ALBIGNAC,   —
*l'abbé DE MAULÉON, .   —

le prince DE ROHAN-GUÉMÉNÉ (comme ci-dessus),
grand maître,   1775
le maréchal duc DE RICHELIEU, Premier gentilhomme de la chambre,   1744
le duc DE FRONSAC (RICHELIEU), en survivance.
le maréchal duc DE DURAS (DURFORT ; branche
éteinte), premier gentilhomme de la chambre, 1757
le duc DE VILLEQUIER (AUMONT),   —   1762

le duc D'ESTISSAC (LA ROCHEFOUCAULD), grand
maître de la garde-robe,   1758
le duc DE LIANCOURT (LA ROCHEFOUCAULD), en
survivance,   1768
le comte DE BOISGELIN, maître de la garde-robe, 1760
le marquis DE CHAUVELIN,   —   , 1773

le duc D'AYEN (NOAILLES), capitaine des gardes
du corps,   1759
le prince DE BEAUVAU, capit^{no} des gardes du corps, 1757
le prince DE POIX (NOAILLES), en survivance, 1774
le duc DE GUICHE (GRAMONT), capitaine des
gardes du corps,   1779
le prince DE TINGRY (MONTMORENCY-LUXEM-
BOURG ; descendance masculine éteinte), capitaine des gardes du corps,   1764
le prince DE LUXEMBOURG (descendance masculine éteinte), en survivance,   1767
le duc DE BRISSAC (COSSÉ), capitaine colonel
des Cent-Suisses,   1781

le marquis DE PONTÉCOULANT, maréchal de camp,
major général des gardes du corps.

le chevalier D'AGOULT, aide-major.

le comte DE MUN, brigadier, lieut^t aux gardes du corps.

le marquis DE MONSPEY, brigadier,   —

le marquis DE MONTMORT,   —

le baron DE SAUVAN, brigadier,   —

le marquis DE LOMÉNIE (descendance
masculine éteinte), brigadier,   —

* le comte DE CROISMARE,   —

le comte DE QUINEMONT,   —

le marquis DE SEGONZAC,   —

* le marquis DU BLAISEL, brig^{er}, s.-l^t aux gardes du corps.

* le vicomte DE MONTCHAL,   —

M. DE LA GRANGE,   —

le comte DE LAMBERTYE,   —

le chevalier DE GRILLE,   —

le vicomte D'AGOULT,   —

le comte Louis DE CLERMONT-TONNERRE,   —

* M. DE LALANDE,   mestre de camp,   —

* le comte DUDOGNON,   —   —

le chevalier D'URRE,   —   —

le comte DE CHERIZEY,   —   —

le chevalier DE BRACHET,   —   —

le comte DE JOUFFROY,   —

* le comte DE LA PLESNOYE, mestre de camp,   —

le vicomte DE SESMAISONS,   —   —

le comte DE DOLOMIEU (descendance masculine éteinte),   —   —

* M. DE LA MOTHE,   —   —

* le comte DE SAINT-MARSAULT,   —

* le chevalier DE CROISMARE,   —

le chevalier DE MESSEY,   —

le comte René DE LIGNIVILLE,   —

le chevalier DE RENNEPONT,   —

le marquis DE BOSREDON, mestre de camp,   —

le marquis D'OILLAMSON, brigadier,   —

* le marquis DE LANGON, mestre de camp,   —

* le baron D'ESPAGNAC,   —   —

* le comte DE BÉON,   —   —

le vicomte DE BUSSEUL,   s.-l^t aux gardes du corps.
le comte DE LA TOURETTE,   —
M. DE BEAUVOIR,   mestre de camp,   —

le duc DE COIGNY (descendance masculine éteinte),
   1er écuyer,   1774
M. MALBEC DE MONTJAC, marquis DE BRIGES,
   1er écuyer de la grande écurie,   1773
M. DE BRIGES, son fils, en survivance,   1779

le duc DE BRISSAC (COSSÉ), premier pannetier,   1781
*le marquis DE LA CHÉNAYE, premier tranchant,   1720
le comte DE VAUDREUIL, (descendance masculine
   éteinte), grand fauconnier,   1780
le comte DE FLAMARENS (GROSSOLES; descendance masculine éteinte), grand louvetier,   1759
le comte D'HAUSSONVILLE (CLÉRON), en survivance,   1780
*le marquis DE LA SUZE (CHAMILLART), grand
   maréchal des logis,   1771
le marquis DE SOURCHES (descendance masculine
   éteinte), grand prévôt,   1746
le marquis DE TOURZEL (descendance masculine
   éteinte), en survivance.
le comte DES CARS, 1er maître d'hôtel,   1769
le marquis DE MONTDRAGON (descendance masculine semble éteinte), maître d'hôtel ordinaire,   1746

le maréchal prince DE SOUBISE (ROHAN-ROHAN),
   capitaine-colonel des gardes de la porte du roi, 1734
le prince de ROHAN-GUÉMÉNÉ, en survivance.
le duc D'AIGUILLON (RICHELIEU), capitaine-lieutenant des chevau-légers de la garde,   1769
le maréchal duc DE BIRON (GONTAUT), colonel
   des gardes françaises,   1745
le comte D'AFFRY, lieutenant général, colonel des
   gardes suisses.

le baron DE BESENVAL, l^t g^{al}, lieutenant-colonel.

le marquis DE CASTRIES, l^t g^{al}, commandant général et inspecteur de la gendarmerie de France, capitaine-lieutenant de la compagnie écossaise.

le marquis D'AUTICHAMP, maréchal de camp, commandant en second de la gendarmerie de France et capitaine des gendarmes anglais.

le comte DE CHASTEIGNER, mestre de camp, 1er lieutenant des gendarmes écossais,

le comte DE LAMBERTYE, mestre de camp, 1er lieutenant des gendarmes bourguignons.

le marquis DE MIRVILLE, brigadier, capitaine des gendarmes de Flandres.

le comte DE VASSINHAC D'IMÉCOURT, mestre de camp, 1er lieutenant des gendarmes de la reine.

le vicomte DE BLANGY (LE VICOMTE), mestre de camp, second lieut^t des gendarmes dauphins.

le marquis DE BRÉZÉ (DREUX), grand maître des cérémonies, 1754

*M. URBAIN DE WATRONVILLE, aide des cérémonies. 1767

*M. BRONOD DE LA HAYE, roi d'armes de France, 1760

*M. DARBOULIN DE RICHEBOURG, secrétaire de la chambre et du cabinet, 1780

*M. DE SÉNAC, lecteur de la chambre, 176

MAISON DE LA REINE

la princesse DE CHIMAY, dame d'honneur (fille du duc DE FITZ-JAMES ; son mari appartenait à une branche, éteinte aujourd'hui, de la maison D'ALSACE D'HENNIN-LIÉTARD, celle des comtes DE BOSSU, princes DE CHIMAY, séparée au XIVe siècle de celle encore existante. Le titre de prince DE CHIMAY a été relevé par une branche des RIQUET DE CARAMAN, en vertu d'un diplôme du roi des Pays-Bas), 1775

7

la marquise DE TALLEYRAND, dame du palais, 1750
la comtesse DE GRAMONT, — 1751
la comtesse D'ADHÉMAR, — 1763
la duchesse DE DURAS, — 1767
la vicomtesse DE CHOISEUL, — 1770
la duchesse DE LUXEMBOURG, — 1771
la duchesse DE LUYNES, — 1775
la marquise DE LA ROCHE-AYMON, — 1775
la princesse D'HENNIN (femme du
  frère cadet du prince DE CHIMAY;
  voir plus haut), — 1781
la duchesse DE FITZ-JAMES, — »

Louis DE SABRAN, évêque, duc de Laon, grand
  aumônier, 1780
Camille DE POLIGNAC, évêque de Meaux, premier
  aumônier, 1780
l'abbé DE SAINT-AULAIRE, aumônier ordinaire, 1778
l'abbé DUCHATEL, — honoraire, 1775
l'abbé DE FONTANGES, aumônier, 1772
l'abbé DES MONSTIERS-MÉRINVILLE, — 1775
l'abbé DE CAMBIS (descendance masculine semble éteinte), — 1781

le comte DE POLIGNAC, 1er écuyer, en survivance, 1776
M. DE SALVERT, écuyer cavalcadour, 1775
*M. DE BILLY, un des quatre écuyers par quartier, »
*le comte DE LA MORLIÈRE, maître de la garde-
  robe honoraire, 1771
*la marquise DE NEUILLY, lectrice, 1774
*Mme LA BORDE, lectrice adjointe, 1780

MAISON DE MONSIEUR, COMTE DE PROVENCE

Jean DU COETLOSQUET, ancien évêque de Limoges, 1er aumônier, 1771
Jean-Baptiste DU PLESSIS D'ARGENTRÉ, évêque
  de Séez, en survivance, »

l'abbé DE PÉROCHEL, maître de l'oratoire,   1778
l'abbé DE BESPLAS,   aumônier,   1771
*l'abbé DE PRADEL,   —   »
*l'abbé DE RESCLESNE DE LYONNES,   —   »

le marquis DE NOAILLES, 1ᵉʳ gentilhomme de la
    chambre.
le chevalier DE COSSÉ, en survivance,   1780
*le comte DE LA CHATRE,   1779
*le vicomte DE VIRIEU, gentilhomme d'honneur, 1771
le comte DE SCÉPEAUX,   —   »
le vicomte DE BERNIS,   —   »
*le marquis DE LA CHATRE,   —   »
le comte DU LAU,   —   1771
le comte DE SPARRE,   —   »
le comte DE MODÈNE (RÉMOND),   —   »
*le marquis DE DONNISSAN,   —   »
le comte DE DAMAS,   —   »
le vicomte DE HAUTEFORT (la descendance mas-
    culine semble éteinte),   1780

*le comte D'OURCHES, premier chambellan.
*M. DE GAIN DE MONTAGNAC, premier cham-
    bellan,   1780
*M. DE LA PORTE DU THEIL, gentilhomme de
    la chambre,   1771
le chevalier DE BRACHET, gentilhomme de la
    chambre,   »
*M. DE CARGONET, gentilhomme de la chambre, 1779

*le comte DE CRENAY, maître de la garde-robe, 1771
le marquis D'AVARAY,   —   ,   »
le comte D'AVARAY, en survivance.

le marquis DE SINÉTY, premier maître d'hôtel, 1776

le marquis DE MONTESQUIOU-FEZENZAC, premier écuyer,   1771
le baron DE MONTESQUIOU, en survivance.
le comte D'ORSAY (GRIMOD ; descendance masculine éteinte), premier maréchal des logis, 1778
le chevalier DE MESNARD DE CLESLE, honoraire, 1771

le marquis DE LÉVIS, capitaine des gardes du corps.
le vicomte DE LEVIS, en survivance,   1780
le baron DE BAYE, maréchal de camp, lieutenant.
le baron DE MORETON, mestre de camp, second lieutenant.
le comte DE CHABRILLAN (MORETON), capitaine de la 2ᵉ compagnie des gardes du corps, 1771
le comte DE MORETON-CHABRILLAN, en survivance,   1778
le marquis DE LA ROCHE-JAQUELEIN, mestre de camp, 1ᵉʳ lieutenant des gendarmes de Monsieur.
le vicomte DE MENOU, mestre de camp, second lieutenant.
le prince DE SAINT-MAURIS, capitaine colonel des Suisses.
le prince DE MONTBAREY, en survivance.
le comte DE MILLY,   colonel, lieutenant.
*le chevalier DESDORIDES, — —
le comte DE MESNARD, capitaine des gardes de la porte,   1777

*le comte DE BOTTEREL-QUINTIN, 1ᵉʳ veneur, 1776
*le baron DE CADIGNAN, 1ᵉʳ fauconnier, 1779
*le comte COLLIER DE LA MARLIÈRE, capitaine des levrettes de la chambre,   1774
*le marquis DE GAUVILLE, capitaine des chasses, 1771

M. D'ORCEAU, baron DE FONTETTE, conseiller d'État, garde des sceaux et chef du conseil.

*M. DE PÉTIGNY, contrôleur général des finances.

*M. DE BARD, intendant du garde-meuble et des menus plaisirs.

*M. PAPILLON DE LA FERTÉ, trésorier général.

M. TREILHARD, membre du conseil des finances.

M. TARGET, avocat consultant.

MAISON DE MADAME, COMTESSE DE PROVENCE

*l'abbé DE MOSTUÉJOULS, premier aumônier.
*l'abbé DE FLORANCE, aumônier ordinaire.
l'abbé DE MURAT, aumônier par quartier.
*l'abbé DE MAILLAN,　　　—
l'abbé DE BOURDEILLES,　　—
*l'abbé DE LANGAN,　　　—
*l'abbé DE NOGUÈS,　　　—　　　honoraire.

la duchesse DE LA VAUGUYON (QUÉLEN), dame d'honneur (branche éteinte).
*la marquise DE PONS,　　dame pour accompagner.
la comtesse DE BEAUMONT,　　—
*la comtesse DE SAINT-SIMON (descendance masculine éteinte),　—
la vicomtesse DE NARBONNE-PELET,　　—
la duchesse DE CAYLUS (LIGNERAC),　—
la comtesse DE RASTIGNAC,　　—
la princesse DE BROGLIE,　　—
la comtesse DU CAYLA (BASCHI; descendance masculine éteinte),　—
la marquise DUBOIS DE LA MOTTE,　—

le marquis DE BÉRENGER (~~descendance masculine éteinte~~), chevalier d'honneur.
le comte DE MAILLY, marquis DE NESLE (branche éteinte; titre relevé par la branche DE MAILLY D'HAUCOURT), premier écuyer.

le vicomte DE MAILLY, en survivance.

le marquis DE MONTDRAGON (descendance masculine
semble éteinte), secrétaire des commandements, honoraire.
M. BOULA DE NANTEUIL (descendance masculine éteinte), secrétaire des commandements, honoraire.

MAISON DU COMTE D'ARTOIS

*l'abbé DE MOUCHET DE VILLEDIEU, maître de l'ora-
toire.
*l'abbé DE SAINT-DIDIER, aumônier ordinaire.
l'abbé DE SINÉTY, aumônier.

le comte DE BOURBON-BUSSET, premier gentilhomme
de la chambre.
le vicomte DE BOURBON-BUSSET, en survivance.
le comte DE MAILLÉ,   —
le vicomte DE LA ROCHE-AYMON, gentilhomme d'honnr
le marquis DE SAINTE-HERMINE,   —
le chevalier DES CARS,   —
le vicomte DE LA CHARCE (LA TOUR
    DU PIN),   —
le comte DE SAINT-CHAMANS,   —
le comte DE GAIN DE MONTAIGNAC,   —
le baron DU COETLOSQUET,   —
le comte Edouard DILLON,   —
le comte DES CARS,   —

le marquis DE GERBEVILLER (LAMBERTYE), premier
chambellan.
le marquis DE SAINT-SAUVEUR (RAFAÉLIS), premier
chambellan.
*le chevalier DE SAILLET, gentilhomme de la chambre.
*le chevaliers DES PERRIERS,   —
le marquis DE TOURDONNET, maître de la garde-robe.

le comte DE FOUGIÈRES (descendance masculine éteinte), premier maître d'hôtel.

le marquis DE POLIGNAC, premier écuyer.

le marquis DE SAINTE-HERMINE, en survivance.

le marquis DE PERSAN, 1er maréchal des logis,

*M. DE NEUILLY,   —   , honoraire.

le prince D'HÉNIN (Voir plus haut, aux dames du palais de la reine), capitaine des gardes du corps.

le chevalier DE CRUSSOL,   —

le chevalier DES CARS, en survivance.

*le marquis LETOURNEUR, mestre de camp, major des
gardes du corps.

*le baron D'ARFEUIL, m^{tre} de c., lieut^t aux gardes du corps.

le baron DE MOUSIN, m^{tre} de c.,   —

le marquis DE SYÈS, m^{tre} de c.,   —

le comte DE MARGUERIE, l^t-c^{el}, s.-l^t aux gardes du corps.

*le comte DE SAINTE-CROIX,   —

le baron DE NÉDONCHEL, mestre de camp, 1er lieute-
tenant aux gendarmes d'Artois.

le comte DE MAULEVRIER (COLBERT), mestre de camp,
2e lieutenant.

le marquis DE FOURNÈS, l^t-c^{el}, sous-lieutenant.

le marquis DU HALLAY, (descendance masculine éteinte), premier veneur.

*le baron DE CASTELNAU, premier fauconnier.

*le baron DE COURVILLE, capitaine général des chasses.

*le marquis de SAINT-DENIS, capitaine des levrettes de
la chambre.

*M. D'AURIOL, introducteur des ambassadeurs.

M. LAURENT DE VILLEDEUIL, secrét^{re} des commandem^{ts}.

*le vicomte DE BLOSSEVILLE,   —

*M. DANJOU,   intendant des finances.

*M. DE CHEVERU,   —

M. Elie DE BEAUMONT,   —

M. Bourboulon, trésorier général.
M. de Bonnières, membre du conseil des finances.
M. Target,   —
*M. Blanchard de la Valette, avocat consultant.
M. Boucher d'Argis,   —
*M. le Rat de Mondon,   —
*M. Hullin de Boischevalier,   —

MAISON DE MADAME LA COMTESSE D'ARTOIS

l'abbé de Valori, aumônier ordinaire.
*l'abbé Colla de Pradine, aumônier par quartier.
*l'abbé Dupleix de Cadignan,   —

la duchesse de Lorge (Durfort), dame d'honneur.
la comtesse de Bourbon-Busset, dame d'atours.
la marquise d'Avaray,   dame pour accompagner.
*la comtesse d'Harville,   —
la marquise de Crenay,   —
la marquise d'Esterno,   —
la marquise de Trans (Villeneuve),   —
*la comtesse de Fougières,   —
la comtesse de Montbel (descendance
    masculine éteinte),   —
la comtesse de la Fare,   —
la comtesse de Damas de Marillac,   —

le marquis de Chabrillan, premier écuyer.
le comte de Montbel (Montbel-Palluau ; descen-
    dance masculine éteinte), premier maître d'hôtel.
M. de Flers, contrôleur général de la maison.

MAISON DE MADAME ÉLISABETH DE FRANCE

la comtesse Diane de Polignac, dame d'honn^r, 1778
la marquise de Sorans (Rosières ; descendance
    masculine éteinte),   dame pour accompagner.
la vicomtesse de Bourdeilles,   —

*la marquise DE CAUSANS,   dame pour accompagner.
la comtesse DE CANILLAC (MONTBOISSIER),   —
*la comtesse DE MELFORT,   —
*la marquise DE BOMBELLES,   —
la vicomtesse D'IMÉCOURT (VASSINHAC),   —
la marquise DE LA ROCHE-FONTENILLE,   —
*la marquise DE LORDAT,   —
la vicomtesse DE MÉRINVILLE (DES MONSTIERS),—
la comtesse DE CLERMONT-TONNERRE.
*la marquise DE LOMBELON DES ESSARTS,   —
la marquise DE LASTIC,   —

le comte DE COIGNY (descendance masculine éteinte),
    chevalier d'honneur.
le comte D'ADHÉMAR, premier écuyer.

M. MESNARD DE CHOUZY, secrét[re] des commandements.
M. TOURTEAU D'ORVILLIERS (des-
    cendance masculine éteinte),   —

MAISON DE MADAME ADÉLAÏDE DE FRANCE

*l'abbé GREEN DE SAINT-MARSAULT, évêque de Per-
    game, premier aumônier.
l'abbé DE PONTEVÈS, aumônier par quartier.
l'abbé DE GOYON (MATIGNON? dont il ne reste que la
    branche des princes de Monaco), aumôn[r] par quartier.
l'abbé DE ROQUEFEUIL,   —

la duchesse DE NARBONNE-LARA, dame d'hon-
    neur,   1781
la marquise DE CASTRIES douairière, dame p. accomp[r]
la marquise DE BASSOMPIERRE (des-
    cendance masculine éteinte),   —
la marquise DE LOSTANGES,   —

la comtesse DE CHABANNES,   dame p. accomp[r]

* la comtesse DE SOMMIÈVRE,   —

la vicomtesse DE NARBONNE-LARA,   —

la marquise DE FLAMARENS (descendance masculine éteinte),   —

la marquise DE LA ROCHE-LAMBERT-
THÉVALLE,   —

la comtesse D'OSMOND,   —

la marquise D'ESCLIGNAC (PREISSAC),   —

* la comtesse DE BÉON,   —

* la comtesse DES ECOTAIS,   —

le baron DE MONTMORENCY (descendance masculine
éteinte), chevalier d'honneur.

le comte DE CHABANNES,   premier écuyer.

le chevalier DE RIENCOURT DE TILLOLOY,   —

M. MESNARD DE CHOUZY, secrétaire des commandements.

M. TOURTEAU D'ORVILLIERS (descendance masculine
éteinte), en survivance.

MAISON DE MADAME VICTOIRE DE FRANCE

François DE NARBONNE-LARA, évêque d'Evreux, premier aumônier.

l'abbé DE LUBERSAC, aumônier ordinaire.

l'abbé DE LANGLE, aumônier par quartier.

l'abbé DE LANSAC,   —

l'abbé DE CAQUERAY,   —

la duchesse DE CIVRAC (DURFORT), dame d'honneur.

la princesse DE CHIMAY (née LE PELETIER DE SAINT-
FARGEAU ; belle-sœur de la dame d'honneur de la
reine),   dame p. accomp[r]

la comtesse DE BOISGELIN,   —

la marquise DE CASTELLANE,	dame p. accomp
la comtesse D'ALBON,	—
la comtesse DE CHASTELUX,	—
la marquise D'ESTOURMEL,	—
Madame DE SÉGUR,	—
la vicomtesse DE BEAUMONT,	—
la comtesse Louise DE NARBONNE,	—
la comtesse DE LASTIC,	—

le duc DE CIVRAC (DURFORT), chevalier d'honneur.
le comte DE CHASTELUX, en survivance.
le comte DE BÉARN (GALARD), premier écuyer.
le comte DE BRASSAC (GALARD), son fils, en survivance.
* M. TABOURET DE CRÉPY, écuyer ordinaire.

BAILLIAGE ET CAPITAINERIE DES CHASSES DE LA VARENNE DU LOUVRE GRANDE VÉNERIE ET FAUCONNERIE DE FRANCE

le duc DE COIGNY (descendance masculine éteinte), capitaine, 1775
* CARON DE BEAUMARCHAIS, lieutenant général.
* DAVY DE CUSSÉ, lieutenant de robe courte.
* DE LA MINIÈRE, 2ᵉ lieutenant.
* DE VIN DE GALANDE, procureur du roi.
* DE VIN DE FONTENAY, en survivance.
le comte DE ROCHECHOUART, 1ᵉʳ substitut du procureur du roi.
LE COUTEUX DU MOLEY, inspecteur général.

BAILLIAGE ET CAPITAINERIE DE LA VARENNE DES TUILERIES

le maréchal prince DE SOUBISE (ROHAN-ROHAN), bailli
   et capitaine.
* DE CHAMILLY, lieutenant général.
DE DALMAS, avocat du roi.

CAPITAINERIE DES CHASSES DE FONTAINEBLEAU

DE LURIEU, sous-lieutenant, inspecteur.
le marquis DE GUERCHY (descendance mascu-
   line éteinte),   exempt.
* DE BERVILLE,   —
* le comte DE LANNOIS,   —
* le marquis DE BOURON,   lieutenant.
le président ROLLAND,   —
le marquis DE MOGES,   —
* D'INVAL,   —
* DE LIVRY,   —
le comte DE SELVE D'AUDEVILLE,   ~
* MAHÉ DE LA BOURDONNAIS,   —
BARRÉ DE CHABANS, avocat du roi.

CAPITAINERIE DE VINCENNES

le marquis DE DURFORT, capitaine en second.
le comte DE MONTRÉAL, en survivance.
* DE VILLEVAULT, lieutenant général de robe longue.
DE PARIS DE LA BROSSE, lieutenant particulier de robe
   longue.
* GIRARDOT DE LAUNAY, sous-lieutenant.

CAPITAINERIE DES CHASSES DE SÉNART

le marquis DE MONTESQUIOU, capitaine en second.

CAPITAINERIE DE MONCEAUX
PLAINE ET VARENNE DE MEAUX

*BOQUET DE CHANTERENNE, procureur du roi.
DASSY, receveur des amendes.

COMMISSAIRES DES GUERRES

D'AUTEMARE D'ERVILLÉ, honoraire.
*COLIN DE LA BRUNERIE,   à *Poitiers.*
DAMESME,   à *Haguenau.*
*DE CAUSAN,   à *Montpellier.*
*DE CHANCEL,   à *Blaye.*
*DE LA CHAPELLE,   à *Perpignan.*
DE LÉPINE DE ROBERSART,   au *Quesnoy.*
DE MAUPASSANT,   à *Paris.*
*DE MONTCARVILLE,   à *Caen.*
*DE RIENCOURT,   à *Tours.*
*DE SAINT-PIERRE,   à *la Rochelle.*
DE SALVERT,   à *Sarrelouis.*
*DESPIÈS,   à *Bayeux.*
*POULLETIER DE SUZENET,   à *Dijon.*
*DUBOIS DE CRANCÉ,   à *Châlons.*
*LASALLE,   à *Metz.*
*LARMINAT,   à *Verdun.*
DE VELLECOURT,   à *Thionville.*
BARBIER DE TINAN,   à *Strasbourg.*
*DU METZ DE GRANDSART,   à *Genève.*
*HANNAIRE DE VIÉVILLE,   à *l'Ile de Ré.*
*HULLIN DE CHAMPEROUX,   à *Brest.*
*MILLIN DE GRANDMAISON,   à *Lyon.*
*DE SUCY,   à *Valence.*
*PASCALIS DE SESTRIÈRES,   à *Hesdin.*
*Richard DE CAIX,   à *Castres.*
*ROBINOT DE VILLEMONT,   à *Toulon.*
*ROCHEBRUNE DE LA GRANGE,   à *Limoges.*
*THERGRAS DE GRANDVAL,   à *Clermont.*
*DE CHATELARD,   à *Chalon-sur-Saône.*

*DE MAZERAN,   à *Milhau.*
*le baron DE VAREILLES DE SOM-
  MIÈRES,   à *Poitiers.*
*FAY-PAYRAND DE LA CHÈZE, à *Tours.*
*DE LA VILLEURNOY,   à *Paris.*
*PATOT DE GIRONVILLE, à *Brest.*
DE MALHERBE,   à *Paris.*
DE LA SAULSAYE,   à *Rouen.*
GIRARD DU DEMAINE, en Espagne, au *camp de St-Roch.*
GAULDRÉE-BOILEAU,   —

CONSEIL D'ÉTAT

Messire Charles-Augustin DE MEAUPEOU, chan-celier,	1768
*Messire Armand HUE DE MIROMESNIL, garde des sceaux,	1774
D'AGUESSEAU (descendance masculine éteinte), conseiller d'Etat ordinaire et du conseil des dépêches,	1734
*M. MOREAU DE BEAUMONT, —	1756
*DE LA PORTE, —	1757
M. BERTIER DE SAUVIGNY, —	»
*M. DE BOYNES, — et ministre d'Etat,	1761
M. GUIGNARD DE SAINT-PRIEST, cons. d'Et. ord.,	1764
M. LESCALOPIER, —	1766
M. COCHIN, —	
*M. BOUVARD DE FOURQUEUX, — et du conseil royal du commerce,	1768
M. le comte DE VERGENNES, — et ministre secrétaire d'Etat,	1774
M. D'ORMESSON (LEFÈVRE), — et du comité des finances,	»
M. AMELOT, — et secrét. d'Et. de la maison du roi,	»
M. D'ORCEAU DE FONTETTE, —	1775
*M. VIDAUD DE LA TOUR, —	»

*M. DE MONTYON,   cons. d'Et. ord.,   1775
*M. DE COTTE,   —   1780
*M. BIGNON,   —   1777
*M. DUPLEIX DE BACQUENCOURT,   —   1780
le marquis DE CASTRIES, ministre sec^re d'État,   »
le baron DE BRETEUIL, ambassadeur à Vienne,   1781
M. DE MONTHOLON, conseiller d'Etat et membre
     du conseil royal du commerce,   1782

MAITRES DES REQUÊTES

M. DOUBLET DE PERSAN,   1754
*M. CHAILLOU DE JONVILLE,   1762
M. GUÉAU DE REVERSEAUX,   1765
M. TOLOZAN, intendant du commerce,   »
*M. Raymond DE SAINT-SAUVEUR,   1766
*M. GUERRIER DE BEZANCE,   »
*M. DE LA PORTE DE MESLAY,   1767
*M. DUFOUR DE VILLENEUVE,   »
*M. DE MONTARAN,   1768
*M. DE GIAC,   »
*M. VALDEC DE LESSART,   »
*M. DEBONNAIRE DE FORGES,   »
M. DE MAUPEOU,   1769
*M. DE BERTENGLES,   1770
M. TERRAY,   1771
*M. FOURNIER DE LA CHAPELLE,   »
M. DE FROIDEFOND DU CHATENET,   1772
*M. DE TRIMOND,   »
M. COUPARD DE LA BLOTERYE,   »
*M. DE CHAZERAT,   1773
*M. CORDIER DE LAUNAY,   »
M. DE COLONIA,   »
*M. BERTRAND DE MOLLEVILLE,   1774
*M. MAYOU D'AUNOY,   »
*M. FAGNIER DE MONSTAMBERT,   1775
M. LAURENT DE VILLEDEUIL,   »
M. DE LA BOURDONNAYE DE BLOSSAC,   »
M. LE CAMUS DE NÉVILLE,   1775
*M. DE BERTHELOT DE LA VILLEURNOIS,   »

*M. Pajot, 1775
M. de Maussion, »
M. Blondel, »
*M. Boula de Nanteuil, 1776
*M. Dumetz de Rosnay, »
M. Gravier de Vergennes, 1777
M. Amelot de Chaillou, 1779
*M. de Clugny, »
M. Rouillé d'Orfeuil, 1780
M. de Cypierre de Chévilly, »
*M. Guillemin de Vaivre, 1782
M. Tourteau d'Orvilliers (descendance masculine éteinte), »

MAITRES DES REQUÊTES HONORAIRES

(la plupart des Conseillers d'Etat mentionnés plus haut) et :

M. de Machault, ministre d'Etat, ancien garde des sceaux (descendance masculine éteinte), 1728
*M. Savalette, 1738
M. l'abbé de Caraman, 1741
M. de la Bourdonnaye de Blossac, intendant de Poitiers, 1742
M. de Bérulle, premier président du parlement de Grenoble, 1748
M. de Cypierre, intendant d'Orléans (descendance masculine éteinte), 1749
M. Dupré de Saint-Maur, intendant à Bordeaux, 1755
M. Feydeau de Brou, intendant de Bourgogne, »

CHEFS ET PREMIERS COMMIS DES BUREAUX DES MINISTÈRES

AFFAIRES ÉTRANGÈRES

M. Gérard de Rayneval, correspondance politique.

MAISON DU ROI

*M. DE LA CHAPELLE DE MONTBUISSANT.

GUERRE

*M. DE SAINT-PAUL, commissaire ordonn^r des guerres.
*M. FABRE DE CHARRIN,   —
*M. D'AVRANGE,   —
 M. D'AUTEMARE D'ERVILLÉ, intendant des armées du
   roi, commissaire ordonnateur des guerres.

MARINE

le marquis DE CHABERT, chef d'escadre, inspecteur
  des cartes et plans de la marine.
le chevalier DE FLEURIEU, ancien capitaine de vaisseau, directeur des ports et arsenaux, et inspecteur-
  adjoint des cartes de la marine.
M. DE LA FRÉNAYE, constructions navales.
M. DE LA COSTE, bureau des fonds de la marine.
M. DE LA NEUVILLE, correspondance avec les Etats
  barbaresques et les Echelles du Levant.
*M. D'HAMÉCOURT, armements en course, prises, etc.
*M. D'HAMÉCOURT fils, adjoint et en survivance.

FINANCES

M. DE VILLIERS DU TERRAGE.
M. HAMELIN.
M. DE LA ROCHE.
*M. DE SAINT-AUBIN.

INTENDANTS DES PROVINCES

M. BERTIER (DE SAUVIGNY), maître
  des requêtes,   *Paris,*   1768
*M. D'AGAY DE MATIGNEY,   *Amiens,*   1771

9

M. LE PELETIER DE MORTEFONTAINE (descendance masculine de cette branche éteinte), (nommé à la Rochelle en 1764.)	*Soissons,*	1765
M. DE CYPIERRE, maître des requêtes (descendance masculine éteinte),	*Orléans,*	1760
*M. DUFOUR DE VILLENEUVE, maître des requêtes,	*Bourges,*	1780
M. GUÉAU DE REVERSEAUX, maître des requêtes, (nommé à Moulins en 1777.)	*La Rochelle,*	1781
. M. TERRAY, maître des requêtes, (nommé à Montauban en 1773.)	*Moulins,*	1781
*M. DE CHAZERAC, m^tre^ des requêtes,	*Riom,*	1767
M. DE LA BOURDONNAYE DE BLOSSAC, maître des requêtes honoraire,	*Poitiers,*	1750
M. DE LA BOURDONNAYE DE BLOSSAC fils, maître des requêtes, adjoint,		1781
M. DUPRÉ DE SAINT-MAUR, maître des requêtes honoraire, (nommé à Bourges en 1764.)	*Bordeaux et Bayonne,*	1775
*M. DUCLUZEL, anc. m^tre^ des requêt^es^,	*Tours,*	1766
M. GRAVIER DE VERGENNES, maître des requêtes,	*Auch et Pau,*	1776
M. ROUILLÉ D'ORFEUIL, maître des requêtes honoraire,	*Champagne,*	1764
* M. ESMANGART, m^tre^ des requêtes, (nommé à Bordeaux en 1770.)	*Caen,*	1775
*M. DE CALOIS DE LA TOUR, premier président,	*Aix.*	
M. DE GUIGNARD DE SAINT-PRIEST, conseiller d'État ordinaire,	*Languedoc,*	1751
M. DE GUIGNARD DE SAINT-PRIEST fils, adjoint,		1764
*M. RAYMOND DE SAINT-SAUVEUR, maître des requêtes,	*Roussillon,*	1777
M. FEYDEAU DE BROU, maître des requêtes honoraire, (nommé à Bourges en 1776.)	*Bourgogne,*	1776
'M. DE LA CORÉE, m^tre^ des req^tes^ h^re^,	*Besançon,*	1761

M. DEPONT, conseiller hon^re au Parlement de Paris, m^ire des r^tes h^re, *Metz,* 1778
M. DE CALONNE (BERNARD), maître
des requéres, *Flandre et Artois,* 1778
*M. DE LA PORTE DE MESLAY, maître
des requètes, *Lorraine et Barrois,* 1778

INTENDANTS DE LA MARINE

M. HOCQUART, conseiller d'État,
inspecteur général des classes, à *Paris,* 1749
*M. MALOUET, à *Toulon.*
M. DE BONGARS, *Saint-Domingue,* 1780
*M. PETIT DE VIEVIGNE, *la Grenade,* 1780
*M. ROULLIN DE LA MOTTE, *St-Vincent,* 1782
*M. LEQUOY DE MONTGIRAUD, *Tabago,* »
*M. D'AIGREMONT, *Sénégal,* 1782

CONSULS DE FRANCE

le chevalier DE MEYRONET DE SAINT-MARC, lieutenant
de vaisseau, consul à *Lisbonne.*
D'HERMAND, vice-consul, —
*DUPLESSIS DE MONGELAS, consul g^al à *Cadix.*
*D'ANNERY, vice-consul à *Séville.*
*DE PUYABRY, consul à *Alicante.*
DESTOURNELLES, consul à *la Corogne.*
LE COMTE, consul aux *Iles Canaries.*
*le chevalier DE BERTELLET, consul à *Livourne.*
*le chevalier DE SAINT-DIDIER, co-
lonel, consul général à *Naples.*
*DES RIVAUX, consul général à *Raguse.*
*le chevalier DE LIRONCOURT, ancien
lieut^t de vaisseau, commis^re du roi
pour la marine et le commerce, à *Amsterdam.*
*COQUEBERT DE MONTBRET, c^l g^al à *Hambourg.*
*DE PONS, consul général à *Dantzick.*
DE LESSEPS, consul général à *Saint-Pétersbourg.*

D'ANDRÉ, cons¹ g^al chargé d'affaires à *Tripoli de Barbarie*
*DE JONVILLE, vice-consul à *Rosette.*
*le chevalier DE LAYDET, vice-cons¹ à *Candie.*
DE VOIZE, capitaine de cavalerie,
   vice-consul à *Latakié.*

COUR DE PARLEMENT

GRAND'CHAMBRE

Messire Etienne D'ALIGRE, premier président (descendance masculine éteinte; le titre de marquis D'ALIGRE a été relevé par une branche des POMEREU),	1768
Messire Louis LEFÈVRE D'ORMESSON, président à mortier,	1755
*Messire Jean-Baptiste BOCHARD DE SARON, président à mortier,	»
Messire Chrétien-François DE LAMOIGNON (descendance masculine éteinte), présid' à mortier,	1758
Messire Armand DE GOURGUES, —	1763
Messire Louis LE PELETIER DE ROSANBO, —	1765
*Messire Omer JOLY DE FLEURY, —	1768
Messire Pierre GILBERT DE VOISINS, —	1774
Messire Anne-Louis PINON père, —	1758
Messire Anne-Louis PINON, —	1782
Messire Mathieu-François MOLÉ, honoraire (descendance masculine éteinte),	1757
le cardinal DE LA ROCHEFOUCAULD, archevêque de Rouen, abbé de Cluny et, en cette qualité, conseiller d'honneur né,	1759
Léon LE CLERC DE JUIGNÉ, archevêque de Paris, pair de France, conseiller d'honneur né,	1782
*Antoine BARILLON DE MORANGIS, cons^er d'hon^r,	1780
M. Frédéric BIGNON, conseiller d'honneur,	1780
M. PASQUIER, doyen des conseillers (descendance masculine éteinte; les D'AUDIFFRET, descendants par les femmes, ont relevé le nom),	1718

*M. DE CHAVANNES,	conseiller,	1736
*M. FARJONEL D'HAUTERIVE,	—	1738
*M. ROLAND DE CHALLERANGE,	—	1739
M. LE FEBVRE D'AMMECOURT,	—	1740
*M. BERTHELOT DE SAINT-ALBAN,	—	1741
M. DE GLATIGNY,	—	1745
M. FRÉDY,	—	1747
M. DUBOIS DE COURVAL,	—	1745
M. ROBERT DE SAINT-VINCENT,	—	1748
M. DUPUIS DE MARCÉ,	—	»
*M. PASQUIER DE COULANS,	—	1758
*M. DIONIS DU SÉJOUR,	—	»
M. MARQUETTE DE MAREUIL,	—	1759
M. AMELOT,	—	1760
*M. DE GARS DE FRÉMINVILLE,	—	1762
*M. BRUANT DES CARRIÈRES,	—	1763
*M. LAMBERT DESCHAMPS DE MOREL,	—	»
M. BOURGEVIN DE VIALART,	—	»
M. HOCQUART DE MONY,	—	»
*M. TANDEAU DE MARSAC,	—	1766
M. DE LA LIVE,	cons^{er} hon^{re},	1727
M. LECOMTE DES GRAVIERS,	—	1728
*M. JAQUIER DES VIEILSMAISONS,	—	1732
M. DOUET DE VICHY,	—	1736
M. AMELOT,	—	»
M. D'ORCEAU DE FONTETTE, conseiller d'Etat,	—	1738
M. ROUSSEL DE LA TOUR,	—	1739
M. DE VERDUC DE SOISY,	—	1740
M. DE FRAGUIER, président de la chambre des comptes,	—	1742
DUMETZ DE RONAY, président de la chambre des comptes,	—	1742
DE LAMOIGNON DE MALESHERBES, ministre d'Etat (descendance masculine éteinte),	—	1744
M. DE BÉRULLE, 1er président du parlement de Grenoble,	—	»
*M. DROUIN DE VAUDEUIL, conseil^r d'Etat,	—	1467

*M. Chavaudon de Sainte-Maure,
   prés^t de la chambre des comptes, — 1747
M. Depont, maître des req. hon^{re}, — 1748
M. Doublet de Persan, — — »
M. Cochin, conseiller d'État, — 1750
M. Chabenat de la Malmaison, — 1751
*M. Chaillon de Jonville, — 1752
M. de Pâris-la-Brosse, président
   de la chambre des comptes, — 1758
M. le Pileur de Brevannes, prés^t
   de la chambre des comptes, — »
M. de Pomereu, présid^t à mortier
   au parlement de Rouen, — 1759
M. Blondel, maître des requêtes,
   intendant du commerce, — 1765
M. Boula de Nanteuil (descen-
   dance masculine éteinte), — 1767

PARQUET, GENS DU ROI

M. Séguier, avocat général, 1755
*Joly de Fleury, procureur général, 1740
son fils, en survivance, 1778
D'Aguesseau de Fresne (descendance masculine
   éteinte), avocat général, 1774
M. de Laurencel, substitut du procureur gén^{al}, 1749
M. Carnot, — 1775
*M. Marchand d'Epinay, — »
M. de la Roue, secrétaire du procureur gén^{al}.

PREMIÈRE CHAMBRE DES ENQUÊTES

M. Pierre Bourrée de Corberon, président, 1751
M. Alexandre Dompierre d'Hornoy, — 1780
M. Fréteau, conseiller doyen, 1764
M. Camus de la Guibourgère, conseiller, 1767
M. Brochant de Villiers, — »

M. DE GARS DE COURCELLES,	—	1775
M. DUVAL D'EPRÉMÉNIL,	—	»
*M. PERRENEY DE GROSBOIS,	—	»
M. DE PERTHUIS DE LAILLEVAULT,	—	1777
*M. Robert DE LIERVILLE,	—	1778
*M. GEOFFROY DE MONTJAY,	—	»

DEUXIÈME CHAMBRE DES ENQUÊTES

M. Louis CHABENAT DE BONEUIL,	président,	1766
M. Claude ANJORRANT (descen-dance masculine éteinte),	—	1768
*M. LERICHE DE CHEVIGNÉ,	conseiller,	1766
*M. D'OUTREMONT,	—	»
M. Clément DE BLAVETTE,	—	1767
*M. CHUPPIN,	—	»
*M. DE MAUPERCHÉ,	—	»
M. DESPONTY DE SAINTE-AVOYE,	—	1768
M. FERRAND,	—	1769
*M. LE COIGNEUX DE BÉLABRE,	—	1777
*M. HUGUET DE SÉMONVILLE,	—	1778
M. MOLÉ DE CHAMPLATREUX, (descendance masculine éteinte).	—	»
M. GIGAULT DE CRISENOY,	—	1779
M. LE CLERC DE LESSEVILLE,	—	»
*M. GUILLEMIN DE COURCHAMP,	—	1781
*M. CHEVADE DE MONTBRUN,	—	1784
M. TALON,	—	1781

TROISIÈME CHAMBRE DES ENQUÊTES

M. LE REBOURS, président,		1767
M. SERRE DE SAINT-ROMAN, conseiller doyen,		1765
*M. DE BRETIGNÈRES,	cons^{er} maît^{re}	»
*M. FORIEN DE SAINT-BUIRE,	—	»
*M. LANGLOIS DE POMMEUSE,	—	1766
M. MASSON DE VERNOU,	—	1767
M. Clément DE GIVRY,	—	1768
M. LE BARON D'HANNIER DE CLAY-BROKE,	—	1769

M. DE FAVIÈRES,	—	1775
*M. DEDELAY D'ACHÈRES,	—	1778
*M. BOULA DE SAVIGNY,	—	»
*M. MOREL,	—	»
*M. MALARTIC,	—	1779
*M. BOULA DES COULOMBIERS,	—	1776

CHAMBRE DES REQUÊTES

M. Gabriel ROLLAND,	président,	1760
*M. Joseph DUROUSSET D'HÉRICOURT,	—	1778
M. LESCALOPIER,	conseiller,	1763
M. DE RICOUART D'HÉROUVILLE,	—	»
M. LEFÈVRE D'ORMESSON DE NOISEAU,	—	1770
M. D'ORCEAU DE FONTETTE,	—	1781
*M. FAY DE SATHONAY,	—	1782
M. SAHUGUET D'ESPAGNAC,	—	»

CHAMBRE DE LA MARÉE

Messire Louis LEFÈVRE D'ORMESSON DE NOISEAU, président à mortier.
M. PASQUIER, conseiller doyen.
*M. DE CHAVANNES, conseiller.
*M. MALHERBE, procureur général.

CHAMBRE DES COMPTES

Messire Aymard-Charles-Marie NICOLAY, chevalier, premier président,		1768
Messire Aymard-Jean NICOLAY, chevalier, premier président honoraire,		1731
Messire Pierre FRAGUIER,	président.	
Messire Charles DE SALABERRY,	—	1750
Messire François DE PÂRIS-LA-BROSSE,	—	1762
*Messire Jacques MALLET DE TRUMILLY,	—	1766
Messire Henri LE PILEUR DE BRÉVANNES,	—	1768
*Messire Jacques-Julien DE VIN DE FONTENAY,	—	»

Messire Jacques-Louis LE BOULANGER, président, 1770
Messire Pierre DE CHAVAUDON DE
    SAINTE-MAURE,   —   1772
Messire Claude DUMETZ DE ROSNAY,
    président honoraire,   —   1747
M. LE CLERC DE LESSEVILLE, conseiller doyen, 1724
M. LE BOULANGER,   conseiller, 1733
*M. PÉAN DE MOSNAC,   —   1737
M. TITON,   —   1740
*M. GOHIER DE NEUVILLE,   —   1743
M. DE LA CROIX,   —   1747
M. D'ALIGÉ DE SAINT-CYRAN,   —   1754
M. MOREAU DE VERNEUIL,   —   1759
M. DE BONARDI,   —   1764
*M. DE JOGUET,   —   »
M. DE ROBILLARD,   —   1768
M. DE LA SALLE,   —   1770
*M. GUYHOU DE MONTLEVEAUX,   —   »
*M. VALLETEAU DE LA FOSSE,   —   1771
*M. AMYOT,   —   1772
*M. BRILLON DE SAINT-CYR,   —   1774
M. LE BLANC DE CHATEAUVILLARD,   —   1772
M. HÉRICARD DE THURY,   —   1776
M. DEBONNAIRE DE GIF,   —   »
*M. VALLETEAU DE LA ROQUE,   —   1781
M. LOISSON DE GUYNAUMONT, cons^er m^tre h^re, 1753
M. LE MARIÉ D'AUBIGNY,   —   1755
*M. BERTIN DE SAINT-MARTIN,   —   1761
*M. AMELINE DE QUINCEY, cons^er correct^r, 1747
M. COQUEBERT DE MONTBRET,   —   1743
M. MARTIN DE VAUXMORET,   —   1753
M. DAVÈNE DE FONTAINE,   —   1765
M. BOULLENOIS,   —   1766
M. PATU DE COMPIÈGNE,   —   »
M. HUART DU PARC,   —   1767
*M. MOREAU DESCLAINVILLIER,   —   1769
M. BROCHANT,   —   1773
M. DAVY DE CUCÉ,   —   1774
M. PATU DE SAINT-VINCENT,   —   1775
*M. LE COUVREUR DE SAINT-PIERRE,   —   1779

M. DE FOURMENT, cons^{er} correct^r 1780
M. DU TREMBLAY DE SAINT-YON, conseil^r audit^r, 1748
M. MUSNIER-DEPLEIGNES, — 1745
*M. DE LA MOUCHE, — 1749
M. SILVY, — 1752
*M. GIRAUD DE GAILLON, — 1755
M. LE ROY DE LA BOISSIÈRE, — 1759
M. BOREL DE BRÉTIZEL, — 1760
M. LE CHANTEUR, — 1761
M. DE LOYNES, — 1762
M. LOUVEL DE VALROGER, — 1764
M. DU TRAMBLAY DE RUBELLES, — 1765
M. DE MALEZIEU, — 1766
M. LE CLERC DE LESSEVILLE, — 1766
M. FOUGEROUX D'ANGERVILLE, — 1768
M. PRISYE DE CHAZELLE, — 1769
*M. DE LA MONNOIE, — »
M. DE SAINT-GENIS, — »
M. L'HOSTE DE BEAULIEU, — 1771
M. PRÉVOST DE LONGPERRIER, — 1772
M. COQUEBERT, — 1774
M. MAGNYER DE GONDREVILLE, — 1774
M. LE COUTEULX DE VERTRON, — 1778
M. DUPRÉ DE SAINT-MAUR, conseil^r aud^r hon^{re}, 1756

GENS DU ROI

M. LE MARIÉ D'AUBIGNY, avocat général, 1775
M. DE MONTHOLON, procureur général, 1769
*M. DE COURCHANT, substitut, 1766

COUR DES AYDES

PREMIÈRE CHAMBRE

Messire Chrétien-Guillaume DE LAMOIGNON-
MALESHERBES, ci-devant premier président,
ministre d'Etat, président honoraire (descendance masculine éteinte), 1749

*M. Dionis du Séjour,   conseiller doyen, 1724
*M. de Maneville,   conseiller, 1737
M. Chrestien de Lihus,   — 1757
M. Taupinard de Tillière,   — 1758
M. de Maussion, ancien conseiller
   au grand conseil,   — 1761
*M. Fagnier de Monstambert, cons^{er} hon^{re}, 1748
M. Billard de Lorrière,   — 1752

SECONDE CHAMBRE

Messire Antoine-Nicolas Perrot,   président, 1775
Messire Alexandre-Théophile Petit
   de Leudeville,   — 1779
M. Fredi de Coubertin,   conseiller, 1775
M. Camus du Martroy,   — 1778
M. Mauge Dubois des Entes,   — »
M. de la Borde,   — 1780
*M. Boscheron des Portes,   — 1781
*M. Personne de la Chapelle,   — ›

TROISIÈME CHAMBRE

*Messire Jean-Joseph de la Selle d'Eschuilly,
   président, 1767
M. Pavée de Vandeuvre,   conseiller, 1780
M. de Pastoret (descendance
   masculine éteinte),   — 1781

GENS DU ROI

*M. Clément de Barville, avocat général, 1772
M. Hocquart, procureur général, 1778
M. Brière de Surgy, substitut, 1782
*M. Dufaure de Rochefort, avocat général, 1776

COURS DES MONNAIES

(Connaissant de tout ce qui avait rapport aux monnaies)

Messire Etienne Thévenin de Tanlay, chevalier, premier président, 1781

* M. CAVÉ D'HAUDICOURT, conseiller, 1748
* M. MARCHAND DE CLAIRFONTAINE, — 1778
* M. BELIN DE BALLU, — »
* M. JACQUEMET DE PIMONT, — 1781
M. Silvestre DE SACY, — »
M. DAUVERGNE DE SAINT-QUENTIN, conseiller
honoraire, — 1739
M. PASCALIS, — 1740
M. HAUTECLOQUE D'ABANCOURT, — 1742
M. DUMYRAT DE BOUSSAC, — 1750

GENS DU ROI

* M. DE GOUVE, procureur général, 1762
* M. DE LIGNAC, avocat général, 1768
M. l'abbé COCHIN, curé de Saint-Michel de Car-
roys, aumônier de la Cour.

PREMIERS PRÉSIDENTS, PROCUREURS GÉNÉRAUX, AVOCATS GÉNÉRAUX DES PARLEMENTS, CHAMBRES DES COMPTES, COURS DES AYDES, COURS DES MONNAIES, CONSEILS SUPÉRIEURS DU ROYAUME

PARLEMENTS

le marquis DE NOÉ, procur^r gén^{al}, *Toulouse,* 1744
DE PÉSSÉGUIER, avocat général, —
DE ROUX DE PUYVERT, avocat gén^{al}, —
DE BÉRULLE, premier président, *Grenoble,* 1760
DE BÉRULLE fils, en survivance, — 1779
* LE BERTHON, premier président, *Bordeaux,* 1767
* DUFAURE DE LA JARTE, avoc^t gén^{al}, — 1779
* DUDON, procureur général, — 1764

LE GOUTZ DE SAINT-SEINE, 1er prés^t, *Dijon,* 1777
*GUYTON DE MORVEAU, avocat gén^{al}, — 1765
DE PONTCARRÉ, premier président, *Rouen,* 1782
DE GRENTE DE GRÉCOURT, avoc^t g^{al}, — 1763
DE BELBEUF (GODARD), procur^r g^{al}, — 1765
son fils, en survivance, — 1781
*DES GALLOIS DE LA TOUR-DE-GLÉNÉ,
   premier président, *Aix,* 1744
*LE BLANC DE CASTILLON, proc^r g^{al}, — 1740
*DEMONS DE CALLISSANE, avocat g^{al}, — 1775
D'EYMAR DE NANS, — — »
DE MAGALON, — — 1776
DE LA CAZE, premier président, *Pau,* 1763
BORDENAVE, procureur général, — 1777
FAJET DE BAURE, avocat général, — 1776
DE CATUÉLAN (descendance masculine
   éteinte), premier président, *Rennes,* 1777
*DE BOURBLANC, avocat général, — 1775
*DE CARADEUC DE LA CHALOTAIS,
   procureur général, — 1764
*DE LA CHALOTAIS, en survivance, — 1774
*LOZ DE BEAUCORT, avocat général, — 1779
*PERRENAY DE GROSBOIS, 1er présid^t, *Besançon,* 1761
son fils, en survivance, — 1779
*D'ESBIEZ, avocat général, — 1736
DOROZ, procureur général, — 1769
*DE CŒURDEROI, premier président, *Nancy,* 1767

CHAMBRE DES COMPTES

le marquis DAGRAIN, 1er président, *Dijon,* 1771
LE COUTEULX, — *Rouen,* 1767
*CHAPUIS DE MARIVAUX, avoc^t gén^{al}, — 1781
MARESCOT, procureur général, — 1777
D'ESPINASSE, avocat général, *Grenoble,* 1747
DELAGRÉE, procureur général, — 1771
DE BECDELIÈVRE, premier président, *Nantes,* 1773
BUDAN, avocat général, —
DE LA TULLAYE, procureur général, — 1745

D'ALBERTAS, premier président, *Aix,* 1745
*D'AUTHEMAN, avocat général,   — 1768
DE JOANNIS, procureur général,   — 1726
DUBOIS DE RIOCOURT, 1er président, *Nancy,* 1756
son fils, en survivance,   — 1781
*DE LA MARRE DE SAVONNIÈRE, pre-
 mier président,   *Bar-le-Duc,* 1774
*DE ROMECOURT, procureur général, — 1770
*DE CHEPPE, avocat général,   — 1724
*DE CHEPPE DE MORVILLE, en survi-
 vance,   — 1771

COURS DES AYDES

*CLARIS, premier président, *Montpellier,* 1771
PITOT DE LAUNAY, avocat général, — 1766
D'AIGREFEUILLE, procureur général, — 1776
*DUROY, premier président, *Bordeaux,* 1778
*DU CAILA, avocat général,   — 1768
*DIJON DE SAINT-MAYARD, avoc. g^{al}, *Clermont,* 1779
*CHAMPFLOUR DE JOSSERAND, proc^r
 général,   — 1782
*CAILLOT DE BÉGON, avocat général, — 1780
CAZABONNE DE LA JONQUIÈRE, avoc.
 général,   *Montauban,* 1768

COURS DES MONNAIES

*le baron DE SPON, 1er président, *Colmar,* 1775
le comte DE MALARTIC, — *Perpignan,* 1774
*DE CAPPAT, avocat général,   — 1743
*DE VILAR, procureur général,   — 1762
*DE LUCIA, avocat général,   · — 1770

CONSEIL PROVINCIAL D'ARTOIS

DE BRIOIS, premier président, *Arras,* 1754
FOACIER DE RUZÉ, avocat général, — 1761
ENLARD DE GRANDVAL, proc^r gén^{al}, — 1764

GRAND CONSEIL

(Créé en 1497 pour connaître des causes ressortant auparavant du Conseil du roi)

Messire Aymard-Charles-François DE NICOLAY,
  chevalier, premier président,   1776
Messire Pierre-Arnault DE LA BRIFFE, présid¹, 1774
*Messire André DUVAL DE MONTMILLAN,   —   1779
*DOÉ DE COMBAULT,   conseiller, 1740
BLANDIN DE CHALAIN,   —   1774
DE MENARDEAU DU PERRAY,   —   »
TISSOT DE MÉRONA,   —   »
MUYART DE VOUGLANS,   —   »
BILLEHEU DE LA BRETÈCHE,   —   »
COLLIER DE LA MARLIÈRE,   –   »
*DE CHAZAL,   —   »
*MAYOU D'AUNOY,   —   »
LEROY DE LYSA,   —   »
*MIOMANDRE DE SAINT-PARDOUX,   —   1781
*LONGUET DE VERNOUILLET,   consᵉʳ honoʳᵉ 1729
*PERRIN DE CYPIERRE, maître des requêtes honoʳᵉ 1747
*DUPLEIX DE BACQUANCOURT, consᵉʳ d'état honoʳᵉ 1752

SECRÉTAIRES DU ROI

*BABAUD DE LA CHAUSSADE,   1780
*BERGERET DE FROUVILLE,   1748
DELALOT,   1753
*DE VILLANTROYE,   »
*D'AUCOURT,   1755
ALIXAND DE MAUX,   1757
LE BLANC DE CHATEAUVILLARS,   1747
*DU FUMECHON,   1758
DELAAGE, à *Orléans,*   1759
*GOUGEON DE LA BINARDIÈRE, à *Alençon,* »
*LIGIER DE LA PRADE,   1760
DARJUZON,   1761
BÉHIC,   »
*CARON DU BEAUMARCHAIS,   .   »

* D'ARBOULIN, 1762
* BENOIST DE LA MOTHE, »
BOISSEL DE MONVILLE (descendance masculine
    éteinte), »
DE VILLIERS, 1863
DE SAINT-AMAND, »
POULTIER, »
PARSEVAL DES CHESNES, »
QUATRESOUX DE LA MOTHE, 1754
ROUILLÉ DE LESTANG, 1755
HAMELIN, »
NOGENT DE SAUGY, »
DE LA HANTE, 1766
PREVOST DE CHANTEMESLE, 1767
DE SAINT-HILAIRE, »
DESFRANÇOIS DE PONTCHALON, à *Alençon*, »
* HUGUET DE MONTARAN, 1769
HUA, »
* SIFFLET DE BERVILLE, »
DANJOU, »
DE L'ESPINE DE ROBERSAR, 1772
* POURSIN DE GRANDCHAMP, »
* PRÉVOST D'ARLINCOURT, »
* LECLERC DU COUDRAY, 1773
* LECLERC D'AUGERVILLE, »
* CHARBONNIER DU BELLOY, 1774
* SALLES DE LA CELLE, »
DESJOBERT, »
DU MIRBECK, »
CARRÉ DU CANDÉ, »
DE LA CROIX, 1775
* D'ARNAY, »
DE MAUROY, à *Troyes*, 1776
DE GOILLONS DE MAISONFORT, à *Orléans*, 1777
GASTEBOIS, »
DE HAUSSY, à *Péronne*, »
MONTESSUY, »
BOURLON DE SARTY, à *Charmes*, près *Joinville*, »
DE CHAVANNES, »
* BOCQUET DE CHANTEREINE, »

RUINART DE BRIMONT, à *Reims,*　　　　1777
REMY DE MÉRY,　　　　　　　　　　　　»
LE CARON DE BELLEVUE, à *Compiègne,*　　»
* DE LA FORTELLE,　　　　　　　　　　　»
DE JUSSIEU,　　　　　　　　　　　　　　»
DE LAITRE,　　　　　　　　　　　　　1778
GAUTHIER DE RUMILLY, à *Amiens,*　　　»
JOLY DE BAMMEVILLE, à *St-Quentin,*　　1779
* DUMESNIL DE MERVILLE,　　　　　　　»
* PETIT DE NANTEAU,　　　　　　　　　»
ACHÈRES DE CAHUZAC,　　　　　　　　　»
GINOUX,　　　　　　　　　　　　　　　»
* DU RUEY,　　　　　　　　　　　　　1780
* LE CHAPELLIER DE LA VARENNE, à *Chartres,*　1781
* Clément DE RIS,　　　　　　　　　　　»
CRAMAILLE DU TRONCHET,　　　　　　　»

SECRÉTAIRES HONORAIRES

GEOFFROY DE VANDIÈRES, à *Epernay,*　　1737
* LORY DE LA BERNARDIÈRE, à *Nantes,*　　1738
* QUINETTE DE LA HOGUE, à *Grandville,*　1743
* PACQUEREAU DE HOUZAY, à *Angers,*　　1752

LE CHATELET

(TRIBUNAL DE PREMIÈRE INSTANCE)

* Messire Henri BERNARD, chevalier, marquis DE
　BOULAINVILLER, conseiller du roi en ses con-
　seils, prévôt et vicomte DE PARIS, conserva-
　teur des privilèges royaux de l'Université,　1776
* ANGRAN D'ALLERAY, lieutenant civil,　　1774
* LENOIR, conseiller d'Etat, lieutenant général de
　police,　　　　　　　　　　　　　　1776
* BACHOIS DE VILLEFORT, lieutenant criminel,　»

CONSEILLERS

Davène de Fontaine,	1738
*De Villiers de Lanoue,	1743
*Marotte du Coudray,	»
*Béville de la Salle,	1753
*Olive de la Gastine,	1764
Chupin,	1768
Audran,	»
Boucher d'Argis,	1772
*De Gouves de Vitry,	»
De Montecloux,	1780
Nau de Champlouis,	»
Moreau de la Vigerie,	»
Vanin de Courville,	»
*Prévost de Fenouilhet,	1781
*Martin de Saint-Martin,	»
De Villiers,	»
*Quatremère,	»
*Sylvestre de Chanteloup,	»
*Brussel de Sancy, conseiller honoraire,	1748
Le Pelletier de Saint-Fargeau (descendance masculine de cette branche éteinte), avocat du roi,	1777

AVOCATS AUX CONSEILS DU ROI

*Huart du Parc,	1755
*Godineau de Villechenay,	1758
Tripier,	1768
*Bocquet de Chanterenne,	1772
Bontoux.	

AVOCATS AU PARLEMENT

Abrial,	1776
Agier,	1769

Alix,	1765
Boucher d'Argis,	1727
*Bouillerot de Chanvallon,	1764
*Boulemer de la Martinière,	1758
Briquet de Lavaux,	1774
*Cadet de Saineville,	1749
*Coffart de Villeneuve,	1776
*Gahier de Gerville,	1775
Collette de Baudicourt,	1764
Coquebert,	1768
*Creuzé de la Touche,	1774
*Cyalis de Lavaud,	1761
de Blois,	1769
de Calonne,	1738 et 1769
de Jouy,	1775
*de la Fortelle,	1752
de la Goutte,	1736
de la Londe,	1774
de la Martinière,	1758
*de Launai-Lebled,	1774
de Leymerie,	»
de Pétigny,	1749
*de Villantroy,	1775
d'Herbelot,	1778
Douet d'Arcq,	1746 et 1777
d'Outremont,	1733
Dubois de Moulignon,	1775
*du Houx de Grisolles,	1776
*Duport du Tertre,	1777
Elie de Beaumont,	1752
Foisy de Trémont,	1770
Gigot,	1766
*Godefroy de Montoux,	1774
*Guillon d'Assas,	1775
Hennebert de Forceville,	1774
Henrion de Pensey,	1762
*Jabineau de la Voute,	1768
la Caze,	1765
la Cretelle,	1776
le Gentil de Kermoisan,	1762

LE MOYNE DE GRANDPRÉ,	1751
MAIGNAN DE SAVIGNY,	1735
*MORTIER DU PARC,	1777
*ŒILLET DE SAINT-VICTOR,	1766
PINCEMAILLE DE VILLIERS,	1774
PORRIQUET,	1769
*RAT DE MONDON,	1765
*REMY DE MÉRY,	1777
ROUX DE LA BORIE,	1781
SIMÉON,	1756
TARGET,	1752
*TESSIER DU BREUIL,	1757
TREILHARD,	1761
TRIPIER,	1776
*TRONCHET,	1747
TURQUET,	1775
*VALLET DE SENNEVILLE,	»
VULPIAN,	1754

EAUX ET FORÊTS DE FRANCE

TABLE DE MARBRE

*DU VAUCEL, grand maître du département de Paris.
DE MALHERBE, lieutenant particulier.
DE PINTEVILLE DU CERNON, avocat général.

GRANDS MAITRES DES EAUX ET FORÊTS

*DU VAUCEL, *Paris.*
DESJOBERT, *Soissons.*
*DE SAINT-LAURENT, *Valenciennes.*
TELLÈS D'ACOSTA, *Châlons-sur-Marne.*
*DE MARISY, *Bourgogne et Franche-Comté.*
*DE CHEYSSAC, *Toulouse.*
*BASTARD, *Agen.*
*DE CABANEL D'ANGLURE, *Touraine, Anjou, Maine.*
*GUYON DE FRÉMONT, *Caen.*

GRANDS MAITRES HONORAIRES

*Blanchebarbe de Grandbourg, *Blois.*
*Hennet de Courbois, *Lyonnais, Dauphiné, Provence.*
Le Ray de Chaumont (descendants portent actuelle-
    ment le titre de marquis de Saint-Paul), *Berry et
    Blésois.*
*de Savary, *Rouen.*
d'Arbonne, *Orléans.*

ACADÉMIE FRANÇAISE

le maréchal duc de Richelieu,	1720
le cardinal de Luynes,	1743
le cardinal de Bernis,	1744
*le marquis de Paulmy d'Argenson,	1748
le comte de Bissy (Thiard),	1750
*de Malvin de Montazet, archev. de Lyon,	1757
*Le Franc de Pompignon,	1760
de Coetlosquet, ancien évêque de Limoges,	1761
le cardinal prince de Rohan (Rohan-Rohan),	»
de Loménie de Brienne, archevêque de Tou-
louse (famille éteinte dans la ligne mascu-
line),	1770
le prince de Beauvau,	1771
*Suard,	1774
de Lamoignon de Malesherbes (descendance
masculine éteinte),	1775
le chevalier de Chastelux,	»
le maréchal duc de Duras (Durfort),	»
de Boisgelin de Cucé, archevêque d'Aix,	1776
*le comte de Tressan.	

ACADÉMIE ROYALE
DES BELLES-LETTRES

HONORAIRES

*DE LAVERDY, ministre d'Etat,   1764
LE FÈVRE D'ORMESSON DE NOYSEAU, président
   à mortier au Parlement,   1766
AMELOT, secrétaire d'Etat,   1777
BIGNON, conseiller d'Etat,   1781

PENSIONNAIRES

*l'abbé BARTHÉLEMY,   1747
*DE GUIGNES,   1754

ASSOCIÉS

* ANQUETIL,   1763
* GAUTIER DE SIBERT,   1767
* DE ROCHEFORT,   »
* DE LA PORTE DU THEIL,   1770
* DACIER,   1772
le comte DE CHOISEUL-GOUFFIER,   1779
DE KÉRALIO,   1780
* DE VAUVILLIERS,   1782

ACADÉMIE DES SCIENCES

MEMBRES HONORAIRES

le duc DE PRASLIN (CHOISEUL), ministre d'Etat, 1770
le duc D'AYEN (NOAILLES),   1777
* BOCHARD DE SARON, président à mortier,   1779
le duc DE LA ROCHEFOUCAULD,   1782

PENSIONNAIRES

le marquis DE COURTIVRON (le Compasseur),
   mestre de camp,   1744

le chevalier DE BORDA, capitaine de vaisseau, 1756
*DE LA LANDE, 1753
CADET DE GASSICOURT, 1766
GUÉRARD, 1743

ASSOCIÉS LIBRES

le marquis DE MONTALEMBERT, m^{al} de camp, 1747
le marquis DE CHABERT, capitaine de vaisseau, 1748
le marquis DE TURGOT, brigadier des armées, 1765
*DIONIS DU SÉJOUR, conseiller au parlement, »
*DE BORY, chef d'escadre, »
MESNARD DE CHOUZY, conseiller d'Etat, contrôl^r
  général de la maison du roi, son ministre près
  du Cercle de Franconie, 1772
*le comte DE MILLY, mestre de camp.
*DEMOURS, médecin du roi, 1769
*DE FONTANIEU, intendant du mobilier de la
  couronne, 1778

ASSOCIÉS ORDINAIRES

PORTAL, médecin consultant de Monsieur, 1769
MÉCHAIN, astronome de la marine, 1782
*DE LA PLACE (descendance masculine éteinte), 1773
*BERTHOLET, docteur en médecine, 1780
*VICQ D'AZIR, médecin consultant du comte
  d'Artois, 1774
DE JUSSIEU, médecin de la Faculté de Paris, 1773
*BUACHE DE LA NEUVILLE, 1er géographe du roi, 1782

ACADÉMIE ROYALE
DE PEINTURE ET DE SCULPTURE

DE LA GRENÉE, peintre, directeur de l'Académie
  de France à Rome, recteur.
le chevalier DE VALORY, membre hon^{re},
*DU MONTULLÉ, conseiller d'Etat, —

* BLONDEL D'AZINCOURT,   membre honᵣᵉ.
le baron DE BESENVAL, lieutᵗ génᵃˡ,   —
* l'abbé Richard DE SAINT-NON,   —
le duc DE CHABOT (ROHAN-CHABOT),   —
le comte D'AFFRY, lieutenant général,   —
le bailli DE BRETEUIL,   —
le comte DE BRÉHAN, mestre de camp,   —
D'AGUESSEAU DE FRESNE, avocat gé-
    néral au parlement (descendance
    masculine éteinte),   —
le comte DE CHOISEUL-GOUFFIER,   —
COCHIN, graveur, garde des dessins du cabinet du
    roi,   conseiller.
* VERNET, peintre,   —
* BELLANGER, peintre.
GUÉRIN,   —
* ROBERT,   —
DE WAILLY, architecte.

ACADÉMIE ROYALE D'ARCHITECTURE

DE LESPÉE.
DE WAILLY.
BRONGNIART, architecte du duc d'Orléans.
le comte D'AFFRY,   honoraire.
* DE FONTANIEU, commissaire général de
    la maison du roi,   —

ÉCOLE ROYALE DE DESSIN

PARSEVAL DES CHÊNES, secrétaire du roi, un des di-
                        recteurs-administrateurs.
le duc D'HARCOURT,   —
le comte DE BRÉHAN,   —
le comte DE BLANGY,   —
COCHIN,   —

ACADÉMIE DE MÉDECINE ET DE CHIRURGIE

DE JUSSIEU.
* DE FOURCROY.
BARTHÈS.
* VARNIER.
* GERMAIN DE LA MARTINIÈRE, premier chirurgien du
    roi, conseiller d'Etat.
* LOUIS, chirurgien consultant des armées du roi.
MOREAU.
* BERTHOLET.
FERRAND.
* CAPDEVILLE.
ROBIN.
PELLETAN.
BAUDELOCQUE.
AUVITY.
GAUTHIER DE CLAUBRY.
BOUSQUET.
* POULLETIER DE LA SALLE, m^{tre} des req^{tes}, associé libre.
* DAUBENTON, docteur en médecine, garde
    du cabinet d'hist^{re} nat^{lt} du roi,   —
* DE LASSONE fils, médecin ordinaire de
    la reine,   —
AMELOT, secrétaire d'Etat,   —
le duc DE LA ROCHEFOUCAULD,   —
le comte DE VERGENNES,   —

MÉDECINS DU ROI ET DES PRINCES

* Messire DE LASSONE, cons^{er} d'Etat, premier médecin.
* LE MONNIER,   médecin ordinaire.
* DE CHOISY,   médecin par quartier.
* MAC-SHEEHY,   —
MAGNAN,   —
* Daniel DES VARENNES,

12

- n

* POISSONNIER DES PERRIÈRES, médecin honoraire.
DE BEAUCHESNE, médecin de Monsieur.
* VICQ D'AZYR, médecin consultant de Madame.
* DELAGE DE SALVERT, chirurgien de Monsieur.
DE LA ROUE,   —
GAUTHIER DE CLAUBRY, chirurgien du comte d'Artois.
* DE LA BORDÈRE, premier médecin du comte d'Artois.

SOCIÉTÉ ROYALE D'AGRICULTURE

Fondée en 1761

(Composée de 4 bureaux établis à Paris, Beauvais, Sens, Meaux)

le comte D'HÉROUVILLE, lieut' g'l, membre du bureau.
* ROLLAND DE CHALLERANGE, cons'r
au parlement,   —
DAILLY,   —
* DE SUTIÈRES,   —
* DE PALERNE,   —
le prince DE TINGRY lieutenant gén'l
(MONTMORENCY - LUXEMBOURG ;
descendance masculine éteinte),   —
le marquis DE TURGOT, brigadier
des armées,   —
* l'abbé FARJONEL, conseil'r au parlem', —
le duc D'AYEN (NOAILLES),   —
* MOREAU DE BEAUMONT, cons'r d'Etat, —
DE JUSSIEU,   —
* DE MONTHYON, conseiller d'Etat, —
TENON, professeur de chirurgie,   —
GENET, chef de bureau aux affaires
étrangères,   —
ABEILLE, sec're du bureau du comm'ce, —
GUÉAU DE REVERSEAUX, m'tre des req'tes, —
* MILLIN DU PÉREUX,   —
BERTIER (DE SAUVIGNY), intendant de
la généralité de Paris,   —
DE FRANCE,   —
* DE GRIBEAUVAL, lieutenant général, —

le comte DE MONTBOISSIER,   membre du bureau.
*DELPECH DE MONTEREAU, cons^{er} au parl^t, —

IMPRIMERIE ROYALE

ANISSON DU PERRON, directeur.
son fils, en survivance.

BIBLIOTHÈQUE DU ROI

BIGNON, conseiller d'Etat, bibliothécaire.
*l'abbé BARTHELEMY, garde des médailles.
l'abbé DE GEVIGNEY (DE POINCTES), garde des titres
    généalogiques.
*DE SANCY, garde de la bibliothèque particulière.
ANQUETIL, interprète pour les langues orientales.

JARDIN ROYAL DES PLANTES

DE JUSSIEU, démonstrateur.
BRONGNIART,   —

FINANCES

*MICAULT D'HARVELAY, garde du trésor royal.
DELABORDE fils, adjoint en survivance.
MÉGRET DE SERILLY, trésorier payeur général des
    dépenses du département de la guerre.
*FONTAINE DE BIRÉ,   —
*BOUDARD DE SAINTE-JAMES, trésorier des dépenses
    du département de la marine.
*RANDON DE LA TOUR, des dépenses de la maison du roi.
*DE FRÉMINVILLE,   contrôleur.
BOISNEUF DE CHENNEVIÈRES,   —
*DE JOUBERT, trésorier général des pays d'Etat.

FERMIERS GÉNÉRAUX

* BRAC DE LA PERRIÈRE.
* D'ARLINCOURT.
  DE LAÂGE.
  DE LA HANTE.
* DE LA HAYE.
* BOULLONGNE DE FRÉMINVILLE.
  DE LA BORDE.
  DE SAINT-AMAND.
* DE SAINT-HILAIRE.
  LE GENDRE DE VILLEMORIEN.
  LE GENDRE DE LUÇAY.
* DE SAINT-PRIX.
* PAPILLON D'AUTEROCHE.
  PAULZE.
  TAILLEPIED.
  PARSEVAL.

RÉGISSEURS GÉNÉRAUX DES AIDES ET DROITS RÉUNIS

  LE BAS DE COURMONT.
* BOERTIERS DE LA CHAUVINNERIE.
* THÉVENIN DE MARGENCY.

RECEVEURS GÉNÉRAUX DES FINANCES

  DARJUZON, *Amiens*.
  TAILLEPIED DE BONDY, *Auch*.
  TOURTEAU DE SEPTEUIL, *Châlons*.
  GUYOT DE MONTGRAND, *Limoges*.
* MILLON D'INVAL, *Lyon*.
* VALLET DE VILLENEUVE, *Metz et Alsace*.
* MEL DE SAINT-CÉRAN, *Montauban*.

* Parat de Chalendrey, *Orléans*.
  Marquet de Montbreton, *Rouen*.
* Richard de la Bretèche, *Tours*.
* Geoffroy d'Assy, caissier général.

LOTERIE ROYALE

D'Autemare d'Ervillé, administrateur.
Le Couteulx du Moley, receveur général.

BANQUIERS

  de Lessert.
* de Boislandry.
  le Couteulx.
  Mallet.
  Montessuy.
  Perregaux.
* Roger de Fréville.
  Rougemont.

TABLE DES MATIÈRES

TABLE ALPHABÉTIQUE

DES NOMS DE FAMILLE

A — Abancourt (Hautecloque), p. 84. — Abeille, p. 98. — Aboville, pp. 29, 37. — Abrial, p. 90. — Abzac, p. 8. — Achères (Dedelay), p. 80. — Acosta (Tellès), p. 92. — Adhémar (semble une branche des Castellane, héritière des Grignan à charge de relever le nom d'Adhémar), pp. 11, 16, 21, 51, 58, 65. — Affry, pp. 26, 49, 56, 96. — Agay de Matigney, p. 73. — Agier, p. 90. — Agoult, p. 55. — Agrain, p. 85. — Aguesseau, pp. 70, 78, 96. — Aigrefeuille, p. 86. — Aigremont, p. 75. — Aimery, p. 24. — Albertas, p. 86 — Albon, p. 67. — Aligé de Saint-Ceyran, p. 81. — Aligre, p. 76. — Alix, p. 91. — Alixan de Maux, p. 87. — Alonville, p. 23, 27, 31. — Alsace (V. Chimay). Alzon (Daudé), p. 52. — Ambly, p. 51. — Amé de Saint-Paul, p. 27. — Amelot, pp. 6, 11, 49, 70, 72, 77, 94, 97. — Ammécourt (Le Febvre), p. 77. — Amyot, p. 81. — Andigné, p. 6. — Andlau, pp. 22, 24, 30, 31. — André, p. 76. — Angest, p. 37. Anglure (Cabanel), p. 92. — Angosse, pp. 27, 33. — Angran d'Alleray, p. 89. — Anjorant, p. 79. — Anisson du Perron, p. 99. — Annery, p. 75. — Anquetil, pp. 94, 99. — Apchon, pp. 34, 39, 42, 46. — Aramon (V. Sauvan). — Arbaud de Joucques, p. 38. — Arbonne, p. 93. — Arboulin, p. 88. — Arbouville, pp. 32, 42. — Archiac, pp. 15, 45, 50. — Aremberg, pp. 36, 52. — Arfeuil, p. 63. — Argenson (V Paulmy). — Argouges, p. 14. — Arlincourt (Prevost), pp. 88, 100. — Arnay, p. 88. — Asnières (la Chateigneraie), p. 23. — Aspremont (Oryot), p. 31. — Assy (Geoffroy), p. 101. — Aubigny (Richemond duc d'; voyez Richemond). — Aubigny, pp. 18, 50 — Aubigny (le Marié), pp. 81, 82. — Aucourt, p. 87. — Audran, p. 90. — Auger, p. 50. — Aumale, p. 33. — Aumont, pp. 9, 10, 16, 41, 44, 46, 48, 50, 54. — Aunoy (Mayou), p. 87. — Auriol, p. 63. — Autemare d'Ervillé, pp 69, 73, 101. — Auteroche (Papillon), p. 100 — Autheman, p. 86. — Autichamp (Beaumont), pp. 19, 22, 29, 33, 51, 57. — Auvity, p. 97. — Avaray (Bésiade), pp. 21, 35, 43, 59, 64. — Avrange, p. 73. — Ayen (V. Noailles).

13

B — Babaud de la Chaussade, p. 87. — Bacon de la Che-
valerie, p. 27. — Balincourt (Testu), pp. 16, 46. — Balivière
(le Cornu), p. 54. — Balleroy (de la Cour), pp. 13, 19, 39,
51. — Balore (Cortois), p. 7. — Balthazar, pp. 25, 32. —
Bar, p. 26. — Barbançois, pp. 26, 34. — Barbantane (Puget),
pp. 11, 17, 33. — Barbier de Tinan, p. 69. — Bard, p. 61. —
Bardonenche, p. 37. — Barillon de Morangis, p. 76. — Barral,
p. 6. — Barthélemy, pp. 94, 99. — Barthès, p. 97. — Bartillat
(Jehannot), pp. 29, 33. — Barville (Clément), p. 83. — Baschi
du Cayla, pp. 32, 61. — Bassompierre, pp. 14, 24, 30, 35, 65. —
Bastard, p. 92. — Baudeloque, p. 97. — Baudicourt (Collette),
p. 91 — Bauffremont, p. 16. — Baure (Fajet), p. 85. — Bausset,
pp. 8, 51. — Baye, pp. 24, 60. — Bearn (V. Galard). — Beauchesne, p. 98. — Beaucort (Loz), p. 85. — Beaumarchais (Caron)
p. 67. — Beaumont *(pouvant se rapporter à l'une des trois familles de ce nom, dont deux se distinguent souvent par leur
autre nom, de la Boninière et d'Autichamp)*, pp. 18, 19, 30, 54,
61, 67. — Beaumont (duc de...; V. Montmorency). — Beau-
repaire, p. 28. — Beauvau, pp. 13, 25, 41, 45, 47, 52, 54,
93. — Beauvoir, p 56. — Beauvoir (V. Varel). — Becdelièvre,
pp. 7, 22, 85. — Behic, p. 87. — Belbeuf (Godard), pp. 6, 85. —
Bélin de Ballu, p. 84. — Bélinaye, p. 35 — Bellanger, p. 96. —
Bellecombe, p. 44. — Bellegarde, p. 37. — Bellevue (le Caron),
p. 89. — Belloy, pp. 23, 27. — Belsunce, p. 21. — Belval
(Raulin), p. 17. — Benoist de la Mothe, p. 88. — Béon, pp. 55,
66. — Bérenger, pp. 18, 20, 48, 61. — Berghes, p. 35. —
Bernard de Boulainviller, p. 89. — Bernis (de Fierre), pp. 5, 11,
18, 47, 59, 93. — Bertellet, p. 75. — Bertengles, p. 71. — Berthelot
de la Villeurnois, p. 71. — Berthier, p. 26. — Bertholet, pp. 95,
97. — Bertier de Sauvigny, pp. 70, 73, 98. — Bertignières, p. 79.
— Bertin de Saint-Martin, p. 81. — Bertrand de Molleville, p. 71.
— Bérulle, pp. 72, 77, 84 — Berville, p. 68. — Besenval, pp 13,
25, 45, 49, 57, 96. — Besplas, p. 59. — Béthisy, pp. 7, 20, 37.
— Béthune, pp. 8, 12, 13, 15, 23, 30, 31, 42, 44, 47 — Béville
(Yvelin?), p. 20. — Béville de la Salle, p. 90. — Bévy, p. 37. —
Biencourt, p. 35 — Bignon, pp. 71, 76, 94, 99. — Billy, p. 58.
— Biré (Fontaine), p. 99. — Biron (V. Gontaut). — Bissy
(V. Thiard). — Bizemont, p. 19. — Blaisel, pp. 14, 24, 28, 50,
55. — Blanchard de la Valette, p. 64. — Blanchebarbe de Grand-
bourg, p. 93. — Blangy (le Vicomte), pp. 14, 17, 57, 96 —
Blavette (Clément), p. 79. — Blois, p. 91. — Blondel, pp. 72, 78,
96. — Blosseville, p. 63. — Blot, p. 42. — Blou, p. 14. —
Bochard de Saron, pp. 76, 94. — Bocquet de Chantereine, pp. 69,
88, 90. — Boischevalier (Hullin), p. 64. — Boisdeffrie, p. 23. —
Bois-Dénemets, p 14. — Boisgelin, pp. 5, 8, 18, 28, 33, 45, 48,
54, 66, 93. — Boislandry, p. 101. — Boisrenard, p. 25. —

tillon-Saint-Victor, p. 16.— Castillon (le Blanc), p. 85.— Castries
(de la Croix), pp. 7, 11, 12, 13, 42, 45, 48, 57, 65, 71 —
Catuélan, p. 85. — Caulaincourt, pp. 28, 36. — Causan, p. 69.
— Causans, pp. 36, 43, 65. — De Caux (de Blaquetot), p. 20.
— Cavé d'Haudicourt, p. 84. — Du Cayla (V. Baschi). —
Caylus (de Lignerac), pp. 43, 53, 61, 86. — Cazeau de la
Boissière, p. 27. — Cernay, pp. 45, 49. — Chabannais (V. Colbert). — Chabannes, pp. 19, 66 (V. aussi Rochefort). — Chabans
(Barré), p. 68. — Chabenat de la Malmaison, p. 78. — Chabert,
pp. 39, 73, 95. — Chabot, pp. 8, 10, 14, 21, 25, 96. — Chabrillan (Moreton), p. 15 (le nom du comte de Chabrillan, lieutenant-général, y a été omis par erreur), pp. 26, 30, 35, 54, 60,
64. — Du Chaffaut de Besné, pp. 38, 50. — Chalais (V. Talleyrand). — Chalendrey (Parat), p. 101. — Chalin (Blandin),
p. 87. — Chambon de la Barthe, p. 27. — Chamborant, pp. 16,
31, 42. — Chambray, p. 19. — Chambrun, pp. 23, 30. —
Chamillart (V. la Suze). — Chamilly, p. 68. — Chamissot,
p. 18. — Champagné, p. 26. — Champagny (Nompère), p. 20.
— Champcenetz, p. 46. — Champeroux (Hullin), p. 69. —
Champflour de Josserand, p. 86. — Champion de Cicé, p. 39.
— Champlouis (Nau), p. 90. — Chancel, p 69. — Chanteloup
(Sylvestre), p 90. — Chantérac (de la Cropte), p. 7. — Chan-
vallon (Bouillerot), p. 91. — Chaponnay, p. 27. — Chapt
(V. Rastignac) — Chapuis de Marivaux, p. 85. — Charbonnier
du Belloy, p. 88. — Charnailles, p. 25. — Charost (V. Béthune).
— Charrier de Mortier, p. 28. — Charrin (Fabre), p. 73. —
Chasteignier, pp. 23, 30, 57. — Chastellier-Dumesnil, p. 30. —
Chastelux (de Beauvoir), pp. 15, 19, 29, 35, 45, 67, 93. —
Chateaurenard, p. 24. — Chateauvert (Baussier), p. 39. — Cha-
teauvillars (le Blanc), pp. 81, 87. — Chatelard, p. 69. — Cha-
tillon, p. 28. — Chaulnes (V. Luynes). — Chaussegras de Léry,
p. 38. — Chauvelin, p. 54. — Chavannes, pp. 77, 80, 88. —
Chavaudon de Sainte-Maure, pp. 78, 81. — Chazal, p. 87. —
Chazelle (Prisye), p. 82. — Chazerac, pp. 71, 74. — Chennevières (Boisneuf), p. 99. — Cheppe, p. 86. — Chérisaye, p. 39.
— Cherisey, pp. 16, 45, 55. — Chevigné, pp. 28, 37. — Chevreuse (V. Luynes). — Cheveru, p. 63. — Cheyssac, p. 92.
— Chimay (Alsace-Hénin-Liétard), pp. 24, 26, 53, 57, 58, 63,
66. — Chollet, pp. 18, 43. — Choiseul, pp. 9, 10, 11, 12, 13,
14, 16, 18, 19, 33, 34, 41, 42, 43, 45, 47, 48, 50, 53, 58, 94,
96. — Choisy, p. 97. — Chouzy (V. Mesnard). — Chrestien
de Lihus, p. 83. — Chuppin, pp. 79, 90. — Cirfontaines,
p. 37. — Civrac (V. Durfort). — Clarac, pp. 27, 34. —
Claris, p. 86. — Claybroke (d'Hannier), p. 79. — Clément de
Ris, p. 89. — Clermont-Tonnerre, pp. 6, 9, 13, 15, 30, 41, 45,
55, 65. — Du Clesmeur, p. 39. — Clugny, p. 72. — Cochin,

p. 78. — Donissan, pp. 21, 59. — Doroz, p. 85. — Doublet (V. Persan). — Doudeauville (V. la Rochefoucauld). — Douet d'Arcq, p. 91. — du Dresnay des Roches, p. 39. — Drouin de Vaudeuil, p. 77. — Drummond de Melfort, pp. 50, 51, 65. — Dubois de Crancé, p. 69. — Dubois de la Motte, p. 61. — Duchatel, p. 58. — Ducluzel, p. 74. — Dudognon, p. 55. — Dudon, p. 84 — Dufaure de Rochefort et de la Jarte, pp. 83, 84. — Dufour de Villeneuve, pp. 71, 74. — Dumesnil de Merville, p. 89. — Dumetz de Rosnay, pp. 72, 77, 81. — Dupleix de Bacquencourt, pp. 71, 87. — Duplessis, p. 44. — Duplessis de Mongelas, p. 75. — Duport-Dutertre, p. 91. — Dupré de Saint-Maur, pp. 72, 74. — Dupuis de Marcé, p. 77. — Duras (V. Durfort). — Durfort, pp. 5, 9, 10, 12, 15, 17, 24, 26, 30, 32, 35, 40, 42, 43, 44, 47, 48, 50, 53, 54, 58, 64, 66, 67, 68, 93. — Durousset d'Hericourt, p. 80. — Duroy, p. 86. — Duval de Montmillan, p. 87.

E — des Ecotais, pp. 28, 36, 46, 66. — Ecquevilly, pp. 32, 42. — Effiat, p. 29. — Elie de Beaumont, p. 63, 91. — Elva, p. 16. — Erlach, p. 17. — Epinay Saint-Luc, pp. 29, 34. — Epréménil (Duval), p. 79. — Esbiez, p. 85. — Esclignac (de Preissac, Fimarcon), pp. 14, 17, 66. — Esmangart, p. 74. — Espagnac (Sahuguet), pp. 14, 47, 49, 55, 80. — Esparbès, pp. 15, 26, 43. — Espinasse, p. 85. — Esquelbec, p. 21. — Estampes, pp. 18, 23 — Esterhazy, pp. 31, 45. — Esterno, pp. 11, 20, 64. — Estissac (V. la Rochefoucauld). — Estourmel (Creton), pp. 23, 30, 67. — Evry, p. 17. — Eymar de Nans, p. 85.

F — Fabry, p. 38. — Fagnier de Monstambert, pp. 71, 83. — Farjonel d'Hauterive, pp. 77, 98 — Faucher, p. 38. — Faudoas, pp. 29, 33. — Faultrier, p. 29. — Fautras, p. 40. Favières, p. 80. — Fay-Payrand de la Chèze, p. 70. — Fay de Sathonay, p. 80. — Fénelon (de Salignac de la Mothe ; V. la Mothe). — Fenoyl, p. 21. — Ferrand, pp. 79, 97. — Feuquières (de Pas), p. 42. — Fitz-James, pp. 9, 12, 18, 36, 41, 47, 58. — Flachat de Saint-Bonet, p. 52. — Flahaut, pp. 16, 17, 44. — Flamarens (de Grossolles), pp. 7, 14, 43, 56, 66. — Flavigny, pp. 11, 14, 49. — Flers (de la Motte-Angot), pp. 17, 64. — Fleurieu, p. 73. — Florance, p. 61. — Floressac, p. 43. — Fontanges, p. 58. — Fontanieu, pp. 95, 96. — Fontenille (V. la Roche-Fontenille). — Fontette, p. 17 (V. aussi Orceau). — Forbin, pp. 17, 35, 39, 45. — Forestier, p. 25. — Forien de Saint-Buire, p. 79. — Foucault, pp. 26, 28, 31. — Fougeroux d'Angerville, p. 82. — Fougières, pp. 17, 43, 63, 64. — Fourcroy, pp. 18, 50, 97. — Fourment, p. 82 — Fournes, p. 63. — Fournier de la Chapelle, p. 71. — Fraguier, pp. 18,

H — Du Hallay, pp. 22, 63 — Hamecourt, p. 73. — Hamelin, pp. 73, 88. — Hamilton (famille suédoise), p. 37. — Harembure, pp. 20, 24, 30. — Harcourt, pp. 9, 10, 12, 15, 20, 30, 41, 47, 96. — Hargicourt, p. 24. — Harville, p. 64. — Haussonville (Cléron), pp. 16, 56. — Haussy, p. 88. — Hautefeuille, p. 20. — Hautefort, pp. 53, 59. — Havré (V. Croy). — Havrincourt, (de Cardevac), pp. 8, 17, 21, 46. — Hector, p. 39 — Héliot, p. 37. — Hénin (V. Chimay). — Hennebert de Forceville, p. 91. — Henrion de Pensey, p. 91. — Herbelot, p. 91. — Hercé, p. 6. — Herculais (Allois de Théïs), p. 24. — Héricart de Thury, p. 81. — Héricourt, pp. 16, 45, 50 (V. aussi Durousset). — Héricy, pp. 13, 17, 53. — Hermand, p. 75. — Hérouville, pp. 14, 98 (V. aussi de Ricouart). — Hinnisdal, p. 36. — Hocquart, pp. 75, 77, 83. — Houdetot, p. 14. — du Houx de Grisolles, p. 91. — Hua, p. 88. — Huart, p. 26. — Huart du Parc, pp. 81, 90. — Huguet de Montaran, p. 88. — Hunolstein, p. 32. — Huon de Kermadec, p. 39.

I — Imécourt (de Vassinhac), pp. 57, 65. — Inval, p. 68 (V. aussi Millon). — Isarn, p. 28. — Iselin de Lanans, p. 21.

J — Jabineau de la Voute, p. 91. — Janson (V. Forbin). — Jaquier de Vieilsmaisons, p. 77. — Jarente, p 48. — Jarnac (V. Chabot). — Jaucourt, pp. 15, 17, 32, 46. — Joannis, pp. 40, 86. — Joguet, p. 81. — Joly de Bammeville, p. 89. — Joly de Fleury, pp. 11, 76, 78. — Jonsac, pp. 13, 43, 45. — Jonville (Chaillon), pp. 71, 76, 78. — Joubert, pp. 27, 99. — Jouffroy, pp. 6, 55. — Jouy, p. 91. — Joviac, p. 21. — Juigné (le Clerc), pp 5, 15, 20, 76. — Jumilhac (Chapelle), pp. 12, 16, 44. — Jussieu, pp. 89, 95, 97, 98, 99.

K — Kéralio, pp. 20, 94. — Keravel, p. 22. — Kercado (le Sénéchal), pp. 14, 15, 46, 51. — Kergorlay, p. 16. — Klinglin, pp. 25, 32.

L — de Laage, p. 100 (V. aussi Delaage, qui est la même famille). — La Barthe, p. 20. — La Bélinaye, p. 27. — La Bernardière (Lory), p. 89. — La Billarderie (V. Flahault). — La Biochaye, p 39. — La Blache, p. 24. — La Bloterie (Coupard), p. 71. — La Boissière (V. Cazeau). — La Boissière (le Roy), p. 82. — La Borde, pp. 58, 83, 100. — La Bordère, p. 98. — La Bourdonnaye de Blossac, pp. 71, 72, 74. — La Bretèche (Billeheu), p. 87. — La Bretèche (Richard), p. 100. — La Briffe, pp. 23, 87. — La Caze, pp. 85, 91. — La Chapelle, pp. 28, 34, 69. — La Chapelle de Montbuissant, p. 73. — La Chapelle (Personne), p. 83. — La Charce (V. La Tour-du-Pin). — La

bespin (Mouchet de Battefort), p. 22. — Laugier-Beaucouse,
p. 39. — Launay, pp. 28, 44. — Launay (le Bled), p. 91. —
Launay (Pitot), p. 86. — Laurencel, p. 78. — des Laurents, p. 6.
Lauriston (Law), p. 17. — Lauzun (V. Gontaut). — Laval
(V. Montmorency). — La Valette, p. 29. — Lavaud (Cyalis),
p. 91. — La Vauguyen (V. Quélen). — Lavaux (Briquet), p. 91.
— Laverdy, p. 94. — La Villeurnoy, p. 70. — Laydet, p. 76. —
Leautaud, p. 27. — Le Bègue, p. 40. — Le Berthon, p. 84. —
Le Beuf, p. 18. — Le Boulanger, p. 81. — Le Camus de Ne-
ville, p. 71. — Le Chanteur, p. 82. — Le Chapelier de la Va-
renne, p. 89. — Le Clerc du Coudray et d'Augerville, p. 88. —
L'Ecluse de la Chaussée, p. 52. — Le Coigneux de Bélabre,
p. 79. — Le Comte, p. 75. — Le Couteux du Moley, de
Canteleu et de Vertron, pp. 67, 82, 85, 101. — Le Couvreur
de Saint-Pierre, p. 81. — Lefort, pp. 22, 37 — Le Franc de
Pompignan, p. 93. — Le Gendre de Villemorien, p. 100. — Le
Gentil de Kermoisan, p. 91. — Le Goux du Plessis, pp. 20, 49.
— Le Gras de Préville, p. 40. — Le Mintier, p. 6. — Le
Monnier, p. 97. — Le Moyne de Grandpré, p. 92. — Lenoir,
p. 89. — Le Noir de Rouvray, p. 28 — Le Pelletier de Morte-
fontaine de Rosanbo et de Saint-Fargeau, pp. 74, 76, 90. — Le
Pileur de Brévannes, pp. 78, 80. — Lequoy de Montgiraud, p. 75.
— Le Rat de Mondon, p. 64. — Le Ray de Chaumont, p. 93. — Le
Rebours, p. 79. — Leriche de Chevigné, p. 79. — Le Roy de la
Chaise, p. 26. — Lescalopier, pp. 70, 80. — Lescure, p. 24. —
Lespare (V. Gramont). — Lespée, p. 96. — Lespinasse, p. 22. —
Lesseps, p. 75. — Lessert, p. 101. — Lesseville (le Clerc), pp. 79,
81, 82. — Lestrade, p. 29. — Letourneur, p. 63. — Leudeville
(Petit), p. 83 — Le Veneur (V. Tillière). — Lévis, pp. 8, 13, 20,
25, 33, 41, 46, 48, 60. — Leymerie, p. 91. — Lezay-Marnesia,
p. 6. — L'Hoste de Beaulieu, p. 82. — Liancourt (V. la Roche-
foucauld). — Lierville (Robert), p. 79. — Lignac, p. 84. —
Ligniville, p. 55. — Lironcourt, p. 75. — Lisa (le Roy), p. 87.
— Livarot, pp. 29, 33. — Livry, p. 68. — Locmaria, p. 27. —
Lombelon des Essarts, p. 65. — Loménie de Brienne, pp. 5, 23,
49, 55, 93. — Longperrier (Prévost), p. 82. — Longuet de Ver-
uouillet, p. 87. — Lordat, p. 65. — Lorge (V. Durfort). —
Lormet, p. 28. — Lorrière (Billard), p. 83. — Lort de Saint-
Victor, p. 50. — Lostanges, pp. 32, 65. — Louis, p. 97. —
Louvois (le Tellier), p. 23. — Loynes, p. 82. — Lubersac, pp. 6,
28, 66. — Luçay (le Gendre), p. 100. — Luchet, p. 28. —
Lucia, p. 86. — Lucker, p. 26. — Ludre, p. 21. — Lurieu,
p. 68 — Lur-Saluces, p. 16. — Lusignem, pp. 22, 34. —
Luynes (d'Albert), pp. 5, 8, 9, 12, 20, 31, 47, 58, 93.

M — Machault, p. 72. — Mac-Shecy, p. 97. — Magalon,

p. 85. — Magnan, p. 97. — Magnier de Gondreville, p. 82.
— Mahé de la Bourdonnais, p. 68. — Maillan, p. 61. —
Maillardoz, p. 16. — Maillé, pp. 8, 17, 24, 32, 62. — Mailly,
pp. 10, 13, 21, 27, 34, 43, 46, 48, 61. — Maisonfort (de
Goillons), p. 88. — Malabiou de la Fargue, p. 28. — Malartic,
pp. 20, 80, 86. — Maleissye, p. 26. — Malezieu, p. 82. —
Malherbe, pp. 70, 80, 92. — de Mallet, p. 19. — Mallet de
Trumilly, p. 80. — Mallet, p. 101. — Malouet, p. 75. —
Maneville, p. 83. — Marcé, p. 27 (Voir aussi Dupuis). —
Marchand d'Epinay et de Clairfontaine, pp. 78, 84. — Mar-
cieu (Emé), pp. 15, 45. — Marescot, pp. 85. — Mareuil
(Marquette), p. 77. — Margency (Thévenin), p. 100. — Mar-
guerie, p. 63. — Marin, p. 39. — Marisy, p. 92. — Marmier.
pp. 24, 30. — Marsac (Tandeau), p. 77. — Marsaing, p. 38,
— Martenez, p. 28. — Martignac, p. 29. — Martin de Saint-
Martin, p. 90. — du Martroy (Camus), p. 83. — Mas,
p. 40. — Mathan, p. 16. — Mauge Dubois des Entes, p. 83.
— Maulde, p. 26. — Mauléon, p. 54. — Maulevrier (V Col-
bert). — Maupassant, p. 69. — Maupeou, pp. 11, 13, 30,
46, 70, 71. — Mauperché, p 79. — Mauroy, p. 88. —
Maussion, pp. 72, 83. — Mauville, p. 50. — Mayou d'Aunoy,
p. 71. — Mazeran, p. 70. — Mazière de Saint-Marcel, p. 52.
— Méchain, p. 96. — Melfort (V. Drummond-Melfort). —
Mellet, p. 41. — Menardeau du Perray, p. 87. — Menillet,
pp. 28, 37. — Menou, pp. 21, 33, 60. — Mercier, p. 38.
— Mercy, p. 7. — Mérinville (V. des Monstiers). —
Merle d'Ambert, p. 35. — Mérona (Tissot), p. 87. —
Méry (Remy), pp. 89, 92. — Mesnard, p. 60. — Mesnard
de Chouzy, pp. 11, 65, 66, 93. — Messey, pp. 20, 55.
— du Metz de Grandsart, p. 69. — Meyronet, p. 75. —
Micault d'Harvelay, p. 99. — Millin du Pereux, p. 98. —
Millon d'Inval, p. 100. — Milly, p. 95. — Miomandre de
Saint-Pardoux, p. 87. — Mirabeau (Riquetti), p 34. — Mirbeck,
p. 88. — Mirepoix (V. Lévis). — Miroménil (Hue), p. 70.
— Mirville, pp. 23, 57. — Modène (Rémond), pp. 47, 59. —
Moges, pp. 34, 68. — Molac (V. Kercado). — Molé, pp. 76,
79. — Monaco (V. Goyon-Matignon). — Monspey, pp. 24,
55. — des Monstiers, pp. 13, 45, 58, 65. — Montagu de
Beaune, p. 43. — Montaignac, pp. 43, 59, 62. — Montaigu,
p. 17. — Montalembert, pp. 15, 43, 95. — Montaran, p. 71.
— Montaut-Montberault, p. 19. — Montazet, pp. 20, 45, 50,
93. — Montbarrey (V. Saint-Mauris-Montbarey). — Montbel-
Palluau, pp. 30, 64. — Montboissier (de Beauffort), pp. 13,
32, 35, 41, 45, 48, 65, 99. — Montbreton (Marquet), p. 101.
— Montbrun (Chevade), p. 79. — Montcalm, p. 20. — Montcarville, p. 69. — Montchal, pp. 47, 55. — Montchevreuil

Vincent (Patu), p. 81. — Saint-Vincent (Robert), p. 77. — Saint-Wast, p. 50. — Salaberry, p. 80. — Salgues, p. 28. — Salis, pp. 12, 17, 18, 47, 50. — Salles de la Celle, p. 88. — Saluces (V. Lur-Saluces). — Salvert, pp. 58, 69. — Sancy, p. 99. — Saugy (Nogent), p. 88. — Saumery (Jouanne de la Carre), pp 17, 20, 46. — Sauvan, pp. 13, 55. — Sauzet, p. 49. — Savalette, p. 72. — Savary, p. 93. — Savigny (Boula), p. 80. — Savigny (Maignan), p. 92. — Savonnières, p. 32. — Scépaux, pp. 16, 59. — Scey, pp. 14, 45, 51. — Segonzac, p. 55. — Séguier, pp. 28, 78. — Ségur, pp. 11, 13, 14, 24, 32, 34, 41, 42, 47, 48, 67. — Selve d'Audeville, p. 68. — Sémonville (Huguet), p. 79. — Sénac, p. 57. — Senneton de Chermont, p. 38. — Sennevoy, pp. 26, 36. — Septeuil (Tourteau), p. 100. — Serrant (Walsh-Serrant) (V. Walsh). — Serre de Saint-Roman, p. 79. — Sesmaisons, pp. 30, 55. — Seyssel, p. 22. — Sifflet de Berville, p. 88. — Silvestre de Sacy, p. 84. — Silvy, p. 82. — Siméon, p. 92. — Sinéty, pp 59, 62. — Solages, p. 17. — Sombreuil, p. 17. — Sommièvre, p. 51. — Sorans (de Rosières), pp. 19, 64. — Soubise (V. Rohan-Rohan). — Souillac, p. 40. — Souin, p. 28. — Soulanges, p. 40. — Sourches (du Bouchet), p. 56. — Sourdis (d'Escoubleau), p. 22. — Souville, p. 40. — Sparre, pp. 15, 20, 47, 50, 59. — Spon, p. 86. — Suard, p. 93. — Suarès d'Aulan (aujourd'hui Harouard), p. 7. — Sucy, p. 69. — Suffren, p 39. — Sully (V. Béthune). — Sutières, p. 98. — Suzenet (Poulletier), p. 69. — Syès, p. 63.

T — Taillepied (de Bondy ?), p. 100. — Talleyrand, pp. 5, 8, 14, 16, 20, 22, 30, 40, 41, 48, 53, 58. — Talon, p. 79. — Tanlay (Thévenin), p. 83. — Target, pp. 61, 64, 92. — Tenon, p. 98. — Terray, pp. 71, 74. — Tessier du Breuil, p. 82. — Thémines, p. 35. — Thévenard, p. 40. — Thiard, pp. 13, 41, 43, 45, 46, 93. — Thouars (V. la Trémoille). — du Tillet, p. 18. — Tillières (le Veneur), pp. 20, 34. — Tillières (Taupinard), p. 83. — Tilly-Blaru, p. 23. — Tingry (V. Montmorency). — Titon, p. 81. — Tolozan, p. 71. — Tonnerre (V. Clermont-Tonnerre). — Torcy (V. Colbert). — Toulongeon (Gaspard), pp. 20, 35. — Toulouse-Lautrec, p. 19. — Tourdonnet, p. 62. — Tourny, pp. 18, 50. — Tourville, p. 46. — Tourzel, p. 56. — Toustain, pp. 16, 23, 31, 52. — Tracy (d'Estut), p. 30. — Traisnel, p. 50. — Trans (Voy. Villeneuve). — Trazegnies, p. 16. — Treilhard, pp. 61, 92. — du Tremblay de Rubelles et de Saint-Yon, p. 82. — Tremont (Foisy), p. 91. — Tressan, p. 93. — Trimond, p. 71. — Tripier, pp. 90, 92. — Tronchet, p. 92. — Troussebois, p. 34. — Turgot, pp. 26, 95, 98. — Turquet, p. 92.

U — Urre, p. 55 — Usson, p. 3. — Uzès (V. Crussol).

V — Valdec de Lessart, p. 71. — Valençay (V. Estampes). — Valfons, pp. 14, 50. — Vallet de Senneville, p. 92. — Vallet de Villeneuve, p. 100. — Valleteau de la Fosse et de la Roque, p. 81. — Valménier-Cacqueray, p. 39. — Valory, pp. 35, 64, 95. — Valroger (Louvel), p. 82. — Vandeuvre (Pavée), p. 83. — Vareilles de Sommières, p. 70. — Varel de Beauvoir, p. 19. — Varlet, p. 38. — Varnier, p. 97. — Vassé, p. 46. — Vaubécourt (V. Nettancourt). — Vaublanc, p. 19. — Vauborel, p. 28. — du Vaucel, p. 92. — Vaudreuil (de Rigaud), pp. 19, 39, 51, 56. — Vauvilliers, p. 94. — Vaux, p. 40. — Vauxmoret (Martin), p. 81. — Vellecourt, p. 69. — Vérac (de Saint-Georges), p. 43. — Verdières, p. 16. — Verduc de Soisy, p. 77. — Vergennes (Gravier), pp. 11, 34, 49, 70, 72, 74, 97. — Vernet, p. 96. — Verneuil (Moreau), p. 81. — Vernon, p. 29. — Vernou (Masson), p. 79. — Verteillac, p. 20. — Verteuil, p. 46. — Vezins, pp. 23, 54. — Vialart (Bourgevin), p. 77. — Vialis, p. 40. — Vibraye (Hurault), p. 11, 18, 28 — Vichy (Douet), p. 77. — Vicq d'Azir, pp. 95, 98. — Vidaud de la Tour, p. 70. — Viella, p. 31. — Viéville (Hannaire), p. 69. — du Vignau, pp. 27, 38. — Vigny, p. 29. — Villaines, p. 24. — Vilar, p. 86. — Villantroy, pp. 87, 91. — Ville, p. 24. — Villebois, p. 25. — Villedeuil (Laurent), pp. 63, 71. — Villedieu (de Mouchet), p. 62. — Villefort (Bachois), p. 89. — Villefranche (de Tulle), pp. 19, 34. — Villeneuve, pp. 27, 64. — Villequier (V. Aumont). — Villers, p. 22. — Villevault, p. 78. — Villiers, pp. 88, 90. — Villiers de la Noue, p. 90. — Villiers du Terrage, p. 73 — Vin de Galande et de Fontenay, pp. 67, 80. — Vioménil (du Houx), p. 20. — Virieu, pp. 21, 25, 36, 59 — Visé, p. 50. — Vogué, pp. 6, 14, 18, 42, 48, 50. — Voisins, p. 47. — Voize, p. 76. — Vulpian, p. 92.

W — Wailly, p. 96. — Waldner, pp. 13, 19, 35, 49. — Wall, pp. 15, 51. — Walsh, pp. 26, 36, 37. — Wangen, p. 14. — Watronville (Urbain), p. 57. — Wignacourt, p. 36. — Wimpfen, p. 47.

Z — Zimmermann, p. 28.

ERRATA

Pages 6, 14, 36, 50, 52, Saint-Sauveur (Rafaélis), *lire* RAFÉLIS.

Page 9, aux Ducs pairs, *ajouter* LE DUC DE BRANCAS-VILLARS (branche ducale française éteinte).

Page 15, aux Lieutenants généraux, *ajouter* LE MARQUIS DE CHA-BRILLAN, 1780.

Pages 18, ligne 5 ; 20, ligne 11 ; 48, ligne 33 ; 61, ligne 31, BÉRENGER, *supprimer* la mention (descendance masculine éteinte).

Page 32, ligne 38, *lire* SARLABOUS et non SARLOBOUS.

Page 45, ligne 21, *lire* LA FERRONAYS.

Page 45, ligne 27, *lire* DE CHÉRIZEY.

Page 59, ligne 28, *lire* CARGOUET.

Page 71, ligne 11, *lire* CHAILLON.

Page 81, ligne 29, *lire* QUINCEY.

Page 84, ligne 24, *lire* RESSÉGUIER.

Page 116, ligne 20, Orceau de Fontette, *lire page* 61 et non 60.

P. 13, 22, 33, 52, 51, 53, 61. St Sim(on) (Rouvroy) une branche subsiste encore

P. 16, 58. Les Cambis ne sont pas éte(ints)

BLOIS, IMPRIMERIE LECESNE, RUE DENIS-PAPIN

www.ingramcontent.com/pod-product-compliance
Lightning Source LLC
Chambersburg PA
CBHW052218270326
41931CB00011B/2398

* 9 7 8 2 0 1 2 6 7 3 3 9 7 *